Wesel-Datteln-Kanal

Zeche Radbod

Liebe Leser,
liebe Genussradler,

für manche mag das Ruhrgebiet auf den ersten Blick noch immer nicht wie ein klassischer Ort für Entspannung erscheinen. Dabei hat es sich in den letzten Jahren zu einem unerwarteten Radparadies entwickelt. Herrliche Wege auf ehemaligen Bahntrassen oder entlang der Uferwege von Flüssen, Kanälen und kleineren Bachläufen leiten uns durch die Region. Ein Knotenpunktnetz mit vielen Infotafeln hilft bei der Orientierung. Und es gibt sie, die wertvollen Ruhepole mitten im Ballungsraum! Begleiten Sie mich auf 15 Touren durch das Ruhrgebiet und erleben Sie mit mir die weiten Horizonte von schönen Aussichtspunkten, genießen Sie die kulinarischen Köstlichkeiten am Wegesrand und nehmen Sie sich einfach mal eine kleine Auszeit.

Natürlich kommen wir in einer urbanen Region immer wieder mal kurz mit dem Stadtverkehr in Berührung. Aber Sie werden überrascht sein, wie gut wir auch innerstädtisch abseits der Autorouten zu unseren Zielen gelangen. Falls es über Straßen geht, so haben diese – wenn im Text nicht anders beschrieben – immer wenig Verkehr oder einen Radweg.

Brechen wir also auf zur beeindruckenden Industriekultur des Ruhrgebiets, seinen oft unterschätzten ruhigen Naturräumen, und genießen wir die schmackhaften Belohnungen, die hier im Pott auf uns Radler warten.

Viel Spaß beim Lesen und noch mehr beim Nachradeln,

Ihr Jochen Schlutius

NATUR-INFO

KULTUR-INFO

TOUREN-/EVENT-INFO

GENUSS-INFO

*Über **300 Knotenpunkte** erleichtern die Orientierung im radrevier.ruhr. An jedem finden Radler eine Übersichtskarte. Wegweiser zeigen unter den Richtungsangaben die Knotenpunktnummern. Kleine rot-weiße Pfeile geben unterwegs die Richtung an.*

❈ 36,7 Kilometer
❈ 160 Höhenmeter
❈ 3 Stunden
❈ Rundtour

Haus Goldschmieding

Royale Auszeit
Von Castrop-Rauxel nach Waltrop

Ob König-Ludwig-Trasse, Wasserschloss oder Industriekathedrale – diese Radroute versprüht royalen Charme. Das Schiffshebewerk Henrichenburg ist das klare Highlight der entspannten Auszeittour.

Die Tour startet in Castrop-Rauxel am Parkplatz direkt vor dem **Haus Goldschmieding ❶**. Die ersten 12,5 Kilometer bis **Henrichenburg** orientieren wir uns am ausgeschilderten Knotenpunktsystem und folgen Knotenpunkt 76 mit zunehmender Steigung an einer Kleingartenkolonie vorbei.

Oben an einer Kreuzung bleiben wir an einem tollen Industriedenkmal stehen. Der **Hammerkopfturm der Zeche Erin ❷** thront majestätisch über Castrop-Rauxel. Weiter geht es rechts auf der **Bodelschwingher Straße,** aber bereits bei der zweiten Möglichkeit folgen wir links dem rot-weißen Pfeil in die **Dorlohstraße.** Eine schöne Abfahrt durch Felder beginnt, während sich vor uns der Blick bis nach Lünen öffnet. Unten dürfen wir nicht den Abzweig nach links unmittelbar vor der Brücke am **Knotenpunkt 76** verpassen. Wir radeln über einen asphaltierten Feldweg links von einem kleinen, kaum wahrnehmbaren Bach. Links können wir eine Alpaka-Farm sehen, unterqueren dann die A 42.

Wir kreuzen die **Oststraße,** sehen ein paar weiße Gänse auf der Wiese vor einem Bauernhof und halten uns kurz links, bevor wir rechts durch eine Umlaufschranke in einen kleinen Weg radeln. Geradeaus passieren wir einige Wohnhäuser. Am Ende fahren wir an einer T-Kreuzung rechts, biegen aber hinter

Das Haus Goldschmieding, ein ehemaliger Adelssitz, geht auf ein Rittergut aus dem 13. Jahrhundert zurück. Von der Burganlage ist nur das Herrenhaus als Renaissancegebäude erhalten, in dem heute leckere alpenländische Gerichte serviert werden.

einer kleinen Brücke schnell wieder links auf einen Radweg ein. Im August ist er von gelb leuchtender Goldrute flankiert. Vor den Bahngleisen halten wir uns an der Wegkreuzung halb links und fahren durch eine Unterführung unter den Gleisen hindurch. Der Weg beschreibt einen Rechtsbogen, und wir genießen noch einmal intensiv die schöne Natur um uns herum, denn die nächsten Radkilometer verlaufen durch urbanes Gebiet.

Am **Deininghauser Weg** fahren wir links auf einen für Radler freigegebenen Weg links von der Straße und folgen ihm im Rechtsbogen durch ein Industriegebiet. An der abknickenden Vorfahrtsstraße halten wir uns geradeaus und sehen zur Rechten einen alten Bunker. Es geht zwischen Wegepollern hindurch in

Hammerkopfturm der Zeche Erin

 # Für die Seele

Märchenhaft verwunschen steht die Zeche Teutoburgia zwischen den Bäumen, die Natur holt sich ihr Land zurück.

ein kleines Wäldchen. Mit den ersten Häusern heißt der Weg **Heinrich-Imig-Straße.** An der **Recklinghauser Straße** fahren wir links, folgen dann dem rot-weißen Radwegepfeil nach rechts in die **Vinckestraße.** Bei Kilometer 6,9 biegen wir an der zweiten Fußgängerinsel rechts durch eine Umlaufschranke auf einen Bahntrassenradweg ein. Kurz vor der Emscher müssen wir auf die Straße und queren den Fluss, der hier zwar noch in seinem Kanalbett fließt, aber renaturiert ist und recht sauber aussieht. Wenig später bringt uns eine weitere Brücke über die A 2. Wir folgen dem Straßenverlauf bis zu einer Kreuzung, an der wir mit dem rot-weißen Pfeil halb links in die **Uferstraße** einbiegen. Wir bleiben ihr über die nächste Kreuzung mit der von rechts kommenden Vorfahrtsstraße hinweg treu. An der **Hombrink** geht es rechts Richtung **Altes Schiffshebewerk/Henrichenburg.**

Durch ein Wohngebiet gelangen wir zum **Knotenpunkt 30,** an dem wir uns geradeaus halten. Es wird spürbar ländlicher, der Weg heißt jetzt **Lohburger Straße.** Zu unserer Rechten lockt der **Gasthof Zur Lohburg** ❸ mit tollem Biergarten und großem Fahrradparkplatz. Beliebt ist im Sommer die Altbierbowle mit Erdbeeren, richtig lecker der Matjes mit Bratkartoffeln. Die Straße führt weiter bis zum Dortmund-Ems-Kanal. Auf der anderen Seite rechts liegt das Restaurant **Hof Niermann** ❹.

Unsere eigentliche Route zweigt aber noch vor der Brücke links ab, und wir wechseln nach der Abfahrt von der Straße auf den Radweg direkt am Kanal.

*Der **Hof Niermann** ist vor allem während der Erdbeerzeit ein lohnendes Ziel. Dann gibt es frischen Erdbeer-Smoothie und Erdbeersekt. Die Atmosphäre im Garten ist wunderbar entschleunigend, und man ertappt sich schnell dabei, die Pause länger auszudehnen als geplant.*

Gasthof zur Lohburg

Hof Niermann

*Am **Schleusenpark** lassen sich neben der Schleusen-kammer und dem alten Schiffshebewerk die aktuelle Schleuse und ein weiteres Schiffshebewerk bestaunen. Nicht nur für Technikfans faszinierend. Wer Ruhe sucht, findet in den Grünanlagen ein passendes Plätzchen.*

Schnell sehen wir den **Schleusenpark** mit dem histori-schen **Schiffshebewerk Henrichenburg** ❺. Am **Knotenpunkt 32** enden der Kanal und der begleitende Radweg. Wir fahren rechts über ein kleines Wehr und weiter nach rechts zu einer Landzunge mit Bänken. Scharf links Richtung Schleuse und anschließend nochmals eine Rechts-links-Kombination, dann rollen wir durch ei-ne ehemalige Schleusenkammer bergab. Der Radfah-rer schleust sich hier sozusagen selbst auf das untere Höhenlevel!

Nach der Durchfahrt durch das historische Schleusentor biegen wir vor dem Wasser links ab. Wir umfahren das Hafenbecken mit seinen Yachten und gelangen nach links zum hier beginnenden Rhein-Herne-Kanal. An einem weiteren Yachthafen halten wir uns links hoch zur Straße **Am Hebewerk.** Wir fahren rechts in einer Unterführung unter dem his-torischen Schiffshebewerk hindurch und gelangen zum Eingang des LWL Industriemuseums. Es bietet tolle Einblicke in die historische Anlage und erläutert die Funktionsweise des Schiffshebewerks an einem sehr spannenden Modell.

Die Radtour führt rechts Richtung **Castrop-Rauxel** am Eingangsbereich des Museums vorbei, dann rollen wir über die Straße **Im Depot** und passieren einige Wohnhäuser. Schließlich biegen wir rechts ab, um wieder direkt hinunter zum Weg am Kanal zu gelangen. Wir folgen ihm einen Kilometer weit. Die Brücke, unter der wir durchradeln, werden wir gleich überqueren, um auf die andere Kanalseite zu wechseln. Da aber keine direkte Rampe hochführt, fahren wir zunächst ein kleines Stückchen am Kanal weiter und nutzen die erste offizielle Gelegenheit, quasi auf Gegenkurs zu gehen. Der **Heckenweg** führt uns hoch zur **Hebewerkstraße,** und wir fahren nach links auf den Radweg auf der linken Straßenseite. Der Weg ist in beide Richtungen für Radfahrer freigegeben. Es geht über den Rhein-Herne-Kanal, dann biegen wir nach links auf den Radweg neben der **Suderwicher Straße** ein. Gleich darauf gelangen wir rechts durch zwei Umlaufschran-

Schiffshebewerk Henrichenburg

ken in einen zunächst sehr schmal wirkenden Weg, der zu einer stillgelegten Straße führt. Auf dieser **Heidestraße** fahren wir durch ein kleines Wäldchen, dann folgt ein Wohngebiet, in dem wir uns erst mal geradeaus halten. An der Kreuzung mit der Straße **Bredenbrauck** biegen wir rechts ab, folgen einem Linksbogen an einem Reiterhof vorbei und genießen die entspannte Atmosphäre in der ländlichen Umgebung mit ihren Weideflächen und Feldern. An der abschließenden T-Kreuzung geht es rechts, dem asphaltierten Hauptweg folgend, unter einer Bahnlinie hindurch und direkt dahinter rechts die Rampe hoch. Hier beginnt die **König-Ludwig-Trasse** ❻, die uns in einem weiten Bogen über 8,7 Kilometer zum Rhein-Herne-Kanal bei Herne bringen wird.

Um die Wegweisung müssen wir uns kaum kümmern, wir folgen einfach dem gut ausgebauten Bahntrassenradweg. Von der Brücke über die A 2 erhaschen wir einen kurzen Blick auf die am Horizont liegende Halde Hoheward. Wir radeln zunächst über besten Asphalt, später über feinen Schotter und schließlich über eine wenig befahrene Zufahrtsstraße zum Rhein-Herne-Kanal. Am Wasser geht es links auf den Kanalradweg, und wir sehen links das schöne **Naturschutzgebiet Pöppinghauser Wald** ❼ mit einem für die Region untypischen Sumpfgebiet, das auf Geländeabsenkungen durch den Bergbau zurückzuführen ist.

Am **Knotenpunkt 36** endet das entspannte Radeln am Ufer. Wir fahren scharf links hoch Richtung **Siedlung Teutoburgia** auf eine Brücke, auf der wir den Kanal überqueren. Nach wenigen Metern verläuft ein Radweg rechts bergab und folgt anschließend der Straße. Wir passieren das **Wasserschloss Bladenhorst** ❽, das allerdings in Privatbesitz ist und nicht besichtigt werden kann. Nach dem Überqueren einer Bahnlinie folgen wir rechts der Radwegebeschilderung. Es geht über ein Feld, dann knickt der Weg an einer T-Kreuzung nach links ab in ein Wäldchen. Schließlich stößt er auf die **Holthauser Straße,** auf der wir nach rechts

*Die **König-Ludwig-Trasse** verdankt ihren Namen einer nach König Ludwig II. von Bayern benannten Zeche. Der fertige Radweg wird eines Tages bis zur Haard führen. Am Weg stehen Exponate aus der Bergbaugeschichte, die auch schöne Rastmöglichkeiten bieten.*

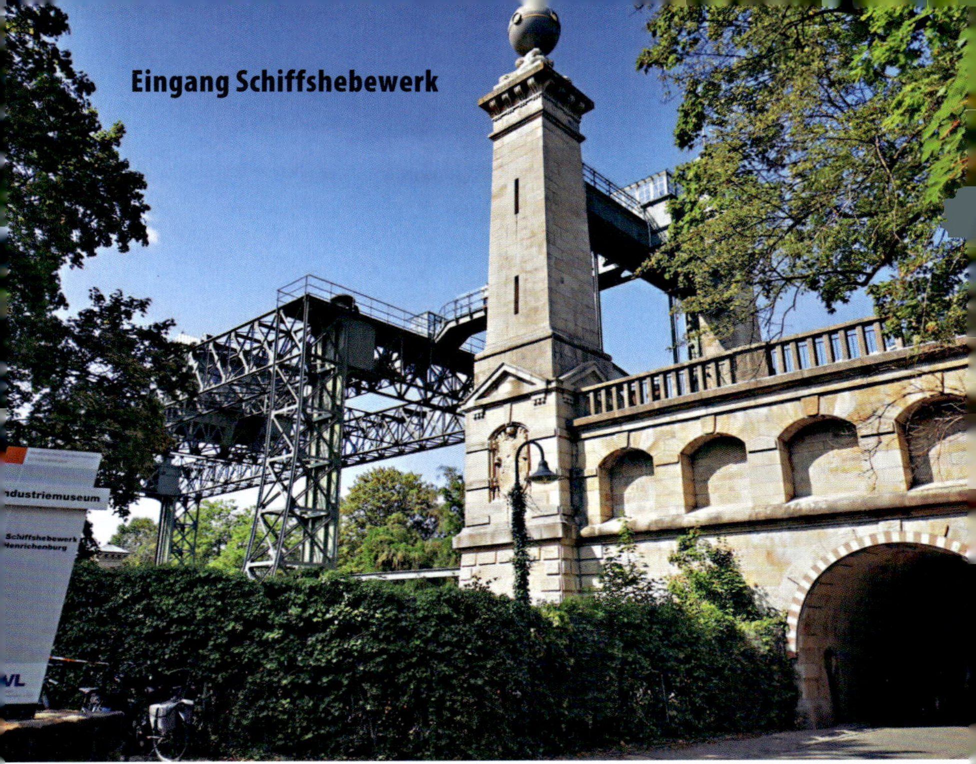
Eingang Schiffshebewerk
Schiffshebewerk
Henrichenburg

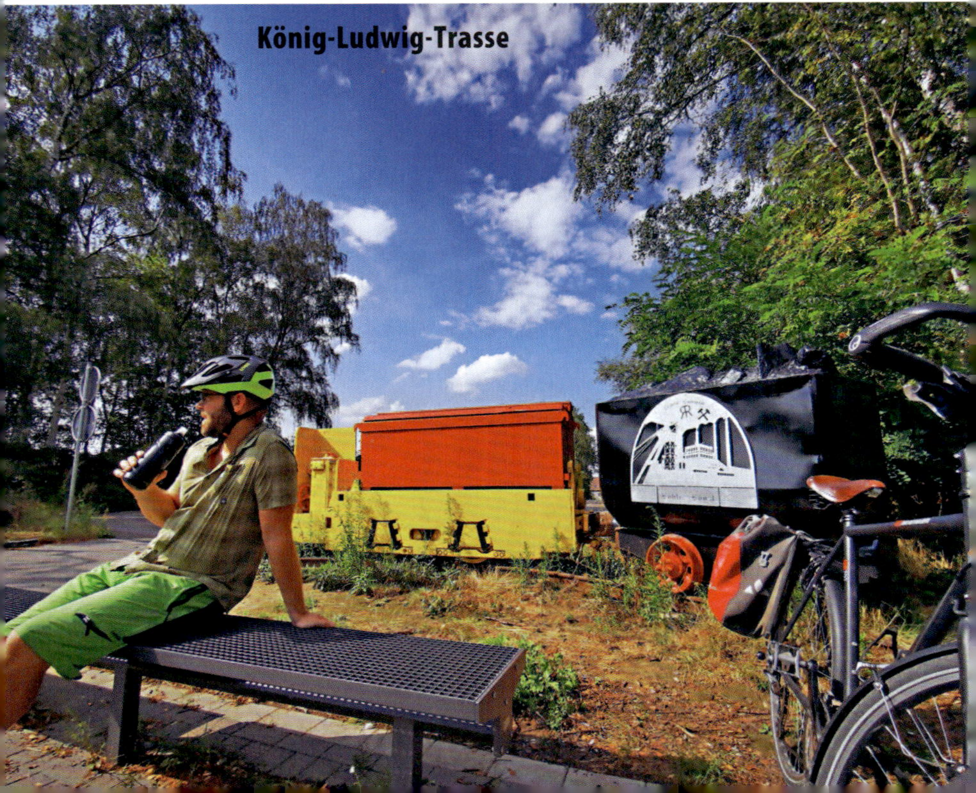
König-Ludwig-Trasse

Wasserschloss Bladenhorst

weiterfahren. Es geht über die A 42 und kurz danach über Bahngleise in die **Bruchstraße.** Danach nehmen wir den ersten, kleineren Weg rechts, zunächst über Pflastersteine. Am nächsten Abzweig fahren wir links. Es geht an Kleingärten vorbei, dann gleich den ersten Weg rechts zwischen Hecke und Kleingärten in den Wald. Er knickt nach links ab, später biegen wir rechts in den ersten, sehr schmalen Waldweg ein. Schon nach wenigen Metern gelangen wir zu einem befestigten runden Platz. Wir fahren geradeaus und sehen links das romantisch in die Bäume verstrickte Gerüst der ehemaligen **Zeche Teutoburgia ❾.** Hinter der Zeche liegt ein kleiner Park, der an der Schadeburg-straße endet.

Wir lassen uns nun ein wenig durch die schöne **Zechensiedlung Teutoburgia ❿** in Herne treiben. Am **Knotenpunkt 37** fahren wir rechts, dann links in die sehenswerte **Teutoburgiastraße.** An der T-Kreuzung an deren Ende geht es links in die **Schlägelstraße**, die uns in einem lang gestreckten Linksbogen über die breite Baarestraße hinweg in die **Laubenstraße** leitet. An der nächsten T-Kreuzung schwenken wir rechts wieder in die **Schadeburgstraße.** Vor der Spielstraße biegen wir links in einen Waldweg. Wir stoßen auf den bereits bekannten Weg und radeln auf ihm zurück bis zur **Bruchstraße.** Dort fahren wir, der Ausschilderung zum **Kemnader See** folgend, in den Weg gegenüber. An dessen Ende folgen wir den rot-weißen Pfeilen nach rechts an Wiesen mit Obstbäumen entlang. An der **Herner Straße** geht es nach links Richtung **Dortmund/ Castrop-Rauxel Süd** und am nächsten Kreisverkehr rechts in den **Westring.** Wo die Straße nach links abknickt, wählen wir rechts einen geschotterten Radweg. Rechts sehen wir einen kleinen See, der Weg führt aber langsam wieder nach links. An der folgenden Gabelung fahren wir links in ein kleines Wäld-

*Die **Siedlung Teutoburgia** entstand Anfang des 20. Jahrhunderts als klassische Gartenstadt und gehört zu den schönsten Arbeitersiedlungen im Ruhrgebiet. Liebevoll gestaltete Gärten machen sie zum entspannten Ruhepol.*

Siedlung Teutoburgia

chen, dann taucht das Gerüst der ehemaligen **Zeche Erin** ⑪ vor uns auf. Der Radweg führt um eine kleinere Halde herum, dann biegen wir rechts auf eine schöne Allee ab, die uns direkt zum Zechengerüst bringt.

Wir nehmen die gegenüberliegende Ausfahrt des Kreisverkehrs und fahren am Stoppschild geradeaus an der Polizeiwache entlang. Nach Querung des Altstadtrings radeln wir auf der **Widumer Straße** ins Zentrum von Castrop-Rauxel. Am nächsten Stoppschild biegen wir rechts in die **Mühlenstraße,** folgen dann der rot-weißen Radwegebeschilderung rechts Richtung

Ehemalige Zeche Erin

Dortmund und **Waltrop** in die **Leonhardstraße.** Wir fahren über einen Platz mit großen Ahornbäumen und an der T-Kreuzung links in die **Viktoriastraße.** Über eine Kreuzung geht es entgegen einer für Radler freigegebenen Einbahnstraße. An der **Wittener Straße** fahren wir kurz links, dann rechts in die **Dortmunder Straße** und folgen weiter den rot-weißen Schildern Richtung **Dortmund** und **Waltrop.** Wir queren Schienen und später die breite **Beethovenstraße** und kommen so zurück zum Startpunkt der Tour am Haus Goldschmieding.

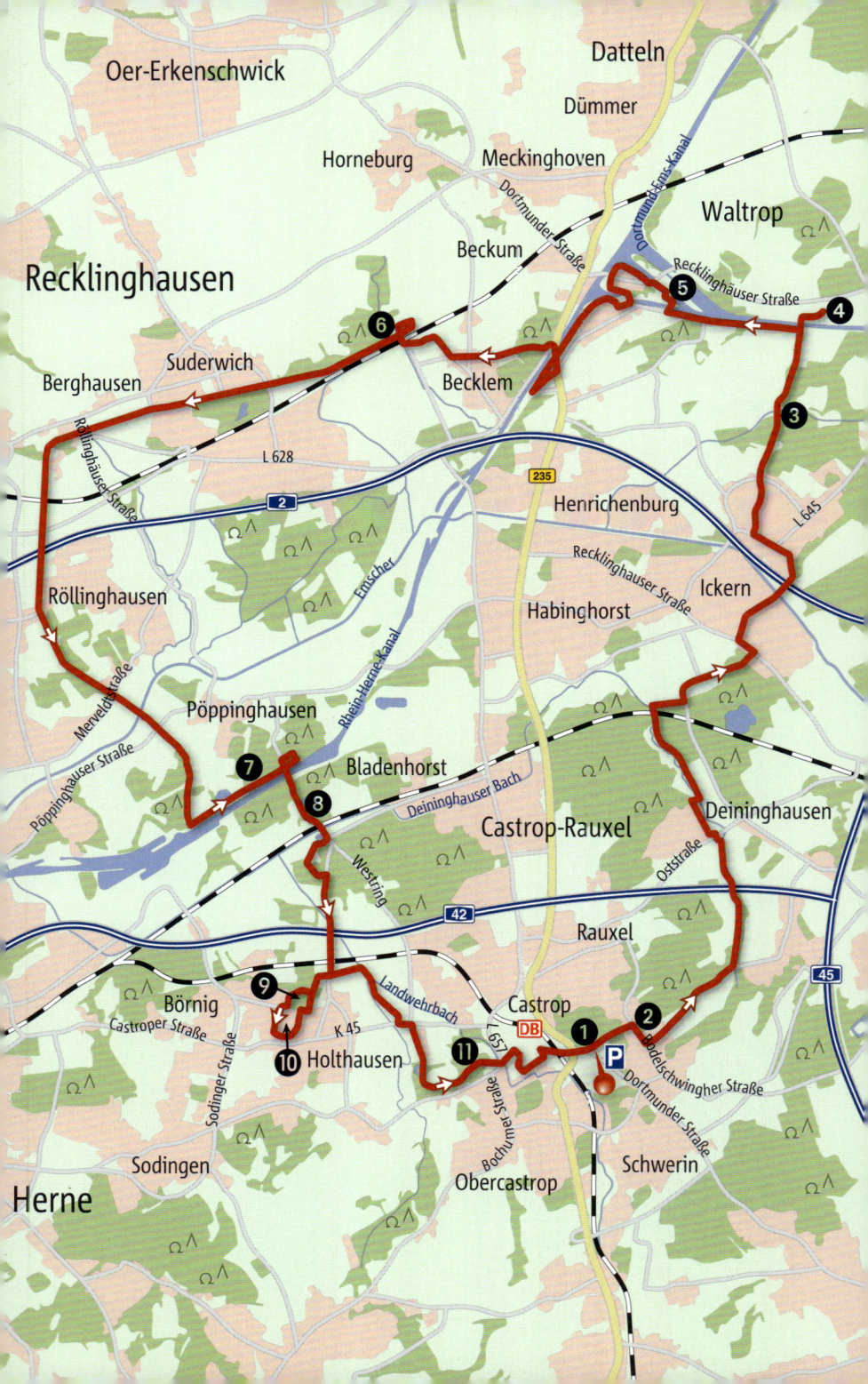

Entspannung ✶ ✶ ✶ ✶ ✳
Genuss ✶ ✶ ✶ ✶ ✳
Erlebnis ✶ ✶ ✶ ✶ ✳

WIE & WANN:
Weitgehend autofrei mit wenig Stadtverkehr; teils asphaltierte,
teils unbefestigte Wege; am besten zwischen Ostern und Herbstferien
bei trockenem Wetter

HIN & WEG:
Auto: Öffentlicher Parkplatz am Haus Goldschmieding, Heinrichstraße 2,
44575 Castrop-Rauxel (GPS 51.547982, 7.321485)
ÖPNV: RB 43 bis Castrop-Rauxel Süd; über Thomasstraße zur Dortmunder Straße

ESSEN & ENTSPANNEN:
Haus Goldschmieding ➊ Dortmunder Straße 55, 44575 Castrop-Rauxel,
Tel. (0 23 05) 3 01-0, restaurant.easy-castroprauxel@viennahouse.com
Gasthof Zur Lohburg ➌ Lohburger Straße 105, 45731 Waltrop,
Tel. (0 23 09) 22 86, www.lohburg.de
Hof Niermann ➍ Recklinghäuser Straße 191, 45731 Waltrop,
Tel. (0 23 09) 21 55, www.hofniermann.de

ENTDECKEN & ERLEBEN:
Hammerkopfturm der Zeche Erin über Schacht 3 ➋
Bodelschwingher Straße 1, 44577 Castrop-Rauxel
Schleusenpark mit LWL-Industriemuseum Schiffshebewerk Henrichenburg ➎
Am Hebewerk 26, 45731 Waltrop, Tel. (0 23 63) 97 07-0,
www.schiffshebewerk-henrichenburg.lwl.org
König-Ludwig-Trasse ➏
Naturschutzgebiet Pöppinghauser Wald ➐
Wasserschloss Bladenhorst ➑
Zeche Teutoburgia ➒
Zechensiedlung Teutoburgia ➓
Zeche Erin Schacht 7 ⓫

* 37 Kilometer
* 230 Höhenmeter
* 3,5 Stunden
* Rundtour

Die Haard

Natur tanken

Wald-Erlebnisrunde in der Haard

Das riesige Waldgebiet der Haard im Naturpark Hohe Mark ist ideal für eine Natur-Auszeit in der wunderbaren Ruhe des Waldes. Die Westruper Heide und das entspannte Radeln am Wesel-Datteln-Kanal intensivieren das Naturerlebnis noch.

Vom Bahnhof Haltern am See fahren wir über den Busbahnhof Richtung **Sythen.** Nach einer Linkskurve im gepflasterten Bereich biegen wir scharf rechts auf einen kleinen Weg in eine Unterführung ein. Jenseits der Bahngleise gelangen wir auf die **Recklinghäuser Straße,** die uns nach Süden führt. Zunächst erwarten uns etwas innerstädtischer Verkehr und ein Industriegebiet. An einer Kreuzung fahren wir leicht rechts und

Wesel-Datteln-Kanal

bleiben auf dem Radweg neben der Recklinghäuser Straße. Direkt nach der Brücke über die Lippe queren wir die stark befahrene Straße nach links in den gegenüberliegenden Weg. Ab hier können wir den Stadtverkehr hinter uns lassen, radeln gemütlich entlang des Wesel-Datteln-Kanals nach Osten und können all unseren Stress abschütteln.

Bei Kilometer 5,5 passieren wir die **Schleusenanlage Flaesheim** ❶. Kurz dahinter werden auf der gegenüberliegenden Wasserseite eine Bucht mit Yachthafen und das Baggerloch Flaesheim sichtbar. Wir verlassen den Kanal erst an der übernächsten Brücke mit der Beschriftung **Fischteich-Brücke** bei Kilometer 9,3. Es geht nach links Richtung **Bergwerk „An der Haard"** hoch zur Straße und dort scharf links, dem rot-weißen Pfeil folgend, auf die andere Kanalseite. Links von uns liegt das Feriencamp Ahsener Heide. Wir rollen zunächst rechts an einem Reiterhof vorbei über einen kleinen Parkplatz, biegen nach der Umlaufschranke links in die **Ahsener Allee** ein und gelangen so in die Haard.

*Die **Haard** ist die größte zusammenhängende Waldlandschaft im Ruhrgebiet und Teil des Naturparks Hohe Mark. Außer bei Radfahrern und Wanderern ist sie auch bei Reitern beliebt. Neuerdings verläuft ein ausgeschilderter Mountainbiketrail durch die Haard.*

Flaesheim

Für die Seele

Wir atmen die wohlriechende Waldluft intensiv ein und fluten unseren Körper mit den herrlichen Geschenken der Natur.

Aussichtspunkt Haard

Für 3,4 Kilometer folgen wir der Ahsener Allee schnurgerade durch den herrlichen Wald. Schließlich erreichen wir eine seltsame zweispurige Straße. Sie wirkt verlassen, denn sie wird kaum noch befahren. Wenige Hundert Meter weiter rechts lag früher einmal das Bergwerk Haard mitten im Wald. Auf der anderen Straßenseite folgen wir weiter der Ahsener Allee geradeaus. Erst bei Kilometer 13,1 biegen wir an einer hölzernen **Infotafel** zum Thema **Zeitliche Entwicklung eines Aschebodens** links ab. Eine Bank lädt zu einer schönen Rast zwischen den Bäumen ein.

Von hier geht es zunächst leicht bergauf. Direkt nach dem ersten Anstieg halten wir uns an einer Ein-

23

mündung links, an der folgenden Gabelung rechts und wenig später erneut leicht rechts. Nun steigt der Weg konstant an, und wir erreichen eine große Wegkreuzung. Ein hinter einem Baum versteckter Wanderwegweiser **Haardgrenzweg** weist uns die Richtung. Wir folgen diesem Weg, der auch die Wanderwegmarkierung **A 25** trägt, nach rechts. Der Untergrund wird sandiger. Schließlich erreichen wir eine Schranke und dahinter eine T-Kreuzung. Hier biegen wir rechts ein auf den **Haardgrenzweg,** der die südliche Grenze des großen Waldgebiets markiert. Nach wenigen Metern erreichen wir einen Rastplatz mit geschnitzten Holzfiguren. Der Regionalverband Ruhr wertet das Wandergebiet Haard mit solch hochwertigen Pausenplätzen auf – willkommene Raststationen auch für uns Radler.

Wir folgen unserem Weg weiter geradeaus. Einigen Bauern- und Reiterhöfen folgen Wohnhäuser. Ein kurzes Stück fahren wir nach rechts auf die wenig befahrene **Haardstraße,** bevor links der **Haardgrenzweg**

Feuerwachturm auf dem Rennberg

weitergeht. Hier lohnt sich ein Abstecher geradeaus zum Ausflugsrestaurant **Mutter Wehner ➋**.

Mutter Wehner

Wieder auf der mit rot-weißen Radwegepfeilen ausgeschilderten Hauptroute verlassen wir am Abzweig der **Flaesheimer Straße** den asphaltierten Weg und radeln geradeaus auf Schotter in den Wald. Wir passieren ein Schullandheim und erreichen einen weiteren der wunderbaren Pausenplätze, diesmal mit herrlicher Aussicht nach Süden ins Ruhrgebiet. Es geht weiter geradeaus, vorbei an der Gaststätte **Zum Sankt Johannes ➌**. An einem Wanderparkplatz fahren wir an einer rot-weißen Schranke vorbei auf einen Waldweg, der leicht bergan führt. Gleich bei der ersten Möglichkeit biegen wir rechts ein, dort stehen eine Holzbank und ein Wege-Stein mit der Nummer 206. Bergan fahrend erreichen wir einen kleinen Hügel mit einer Wegkreuzung direkt am **Rettungspunkt RE 757-272.** Unsere Route führt weiter geradeaus. Der Untergrund wird spürbar schlechter, ist aber mit dem Trekkingrad befahrbar. Am Boden des Mischwalds breitet sich ein grüner Teppich aus Farnen aus, Kiefern verbreiten im Hochsommer ihren harzigen Duft. An einer schrägen Gabelung biegen wir nach rechts ab auf den Wanderweg **A 16.**

Nach einer Abfahrt müssen wir einen ordentlichen Gegenanstieg hoch. Wer ohne helfenden Motor radelt, wird wohl allmählich die Höhenmeter spüren. Bei Kilometer 24,0 sehen wir rechts einen Findling und fahren weiter geradeaus. Ein weiterer Anstieg bringt uns zu einer Kreuzung am **Rettungspunkt RE 767-294.** Wir folgen dem Radwegepfeil nach rechts. Ein Wanderwegweiser zeigt uns den Weg Richtung **Feuerwachturm Rennberg.** Die letzten Höhenmeter dieser Radtour müssen wir noch erklimmen, dann macht

Im Restaurant **Mutter Wehner** kann man sich ein Wiener Schnitzel vom Kalb schmecken lassen, serviert mit Preiselbeeren und einer hübsch verpackten Zitrone. Auch die belgischen Waffeln sind beliebt. Wer nur etwas trinken möchte, findet im Biergarten ein nettes Plätzchen.

Holzkohlenmeiler Haard

Vom Feuerwachturm auf dem Rennberg lässt sich die Haard ideal überblicken. In den Sommermonaten ist der Turm Arbeitsplatz eines Beobachters, der kleinere Brände frühzeitig erkennen und Löschmaßnahmen einleiten soll – in einem großen Waldgebiet eine enorm wichtige Aufgabe.

der Weg einen Rechtsbogen, und wir stehen direkt vor dem riesigen **Feuerwachturm auf dem Rennberg ④**.

Vorsichtig beginnen wir eine steile Abfahrt auf geschottertem Untergrund. Ein Schild weist auf die Mountainbikestrecke hin, die auf deutlich schmaleren Pfaden die Haard durchquert. Unsere Trekkingbike-Tour führt dagegen über den breiten Weg bergab.

Am **Flaesheimer Meilerweg** fahren wir links Richtung **Olfen/Ahsen**. An der nächsten größeren Wegkreuzung weist die rot-weiße Radwegbeschilderung nach rechts, wir fahren jedoch geradeaus und passieren den **Flaesheimer Holzkohlenmeiler ⑤**. Er wird traditionell am 1. Mai entzündet, drei Wochen später ist die hochwertige Holzkohle fertig.

Der Weg macht einen Rechtsbogen und wir gelangen zu einem gepflasterten Platz, links liegt ein schöner Waldspielplatz für Kinder. Wir fahren halb links an einer rot-weißen Schranke vorbei auf einen Parkplatz. Die Straße **Zum Dachsberg** führt durch ein Wohngebiet zu einer T-Kreuzung gegenüber der Kirche von Flaesheim. Wir folgen ein kurzes Stück rechts dem

Wald-Erlebnisrunde in der Haard

Radweg neben der Flaesheimer Straße, biegen dann links ein in die **Kanalstraße,** die uns an der Kirche vorbei zum Wesel-Datteln-Kanal bringt.

Wir überqueren den Kanal, halten uns an der folgenden T-Kreuzung halb rechts und folgen der Ausschilderung zur **Lippefähre Maifisch 6.** Der Weg verläuft in einer Linkskurve zur Lippe hinunter. Die Fähre bringt uns über den längsten Fluss NRWs, der hier aber sehr schmal ist. Statt eines finanziellen Obolus ist unsere eigene Muskelkraft gefragt: Wir selbst müssen die Fähre mithilfe eines großen Schwungrads zunächst auf unsere Seite holen und später mit einem weiteren Drehrad auf der Fähre ans andere Ufer ziehen.

Nach der Fährfahrt schieben wir das Rad hoch auf den Damm, dann geht es über Felder bis zu einer T-Kreuzung. Dort halten wir uns kurz links und biegen dann rechts auf den Radweg entlang des **Flaesheimer**

> Die Mountainbikestrecke **Haard on Tour,** eröffnet im Sommer 2020, ist auf etwa 40 Kilometern Länge ausgeschildert. Mit nur mäßigem Schwierigkeitgrad eignet sie sich gut für Einsteiger oder Familien, die mit dem Mountainbike die breiten Wege mal verlassen wollen.

Westruper Heide

Auszeittour 2

Falls die Fähre nicht in Betrieb ist (z. B. in den Wintermonaten oder bei Sperrungen), bringt uns eine **Umfahrung der Fähre** links am Kanal entlang zum Knotenpunkt 34 und dort zum Flaesheimer Damm. Ihm folgen wir auf einem Radweg Richtung Haltern am See über die Lippe.

Damms ein. Nach 700 Metern sehen wir rechts einen Waldparkplatz. Naturliebhaber sollten hier ihr Rad abstellen und eine Wanderung durch das **Naturschutzgebiet Westruper Heide ⑦** machen. Mehrere Wege führen durch die Heidelandschaft, die im Spätsommer prächtig lila blüht. Heute wirkt sie mit ihrem sandigen Boden und den vielen Kiefern fremd auf uns. Doch war vor Jahrhunderten dieses Landschaftsbild prägend für die Region.

Unsere Radtour führt entlang des Flaesheimer Damms weiter. Wir überqueren an einer Ampelanlage die Hullerner Straße und fahren über den **Stockwieser Damm** weiter nach Norden. Kurz vor dem Halterner Stausee geht es an einer Fußgängerampel links in Richtung **Haltern am See** über einen Schotterplatz. An der nächsten Weggabelung folgen wir rechts dem Radwegepfeil weiter am See entlang. An einer weiteren Gabelung fahren wir links und an einer T-Kreuzung direkt vor dem See wieder links. Entspannt radeln wir direkt am Wasser entlang, mit tollen Blicken

Halterner Stausee

auf den großen Stausee. Schließlich sehen wir links einen Kletterwald, in dem Besucher sich in luftiger Höhe von Plattform zu Plattform hangeln. Am Ende liegt ein beinahe extravaganter Biergarten. Neben großen Fässern stehen Gondeln mit Skiern auf dem Waldgelände. Manch einer spricht vom schönsten Biergarten in NRW. Daher machen wir Station bei **Jupp der Erlebnisbiergarten ❽** und erholen uns hier von der Radtour.

Jupp am See

Es geht weiter auf dem Stauseerundweg, der uns parallel zur Hullerner Straße südlich des Stausees Richtung Haltern am See führt. An heißen Sommertagen lockt das **Seebad Haltern am See ❾,** sich ein wenig abzufrischen.

Auf einer Brücke überqueren wir die Stever, die aus dem Stausee fließt und wenig später in die Lippe mündet. Wir gelangen schließlich auf eine wenig befahrene Nebenstraße, die weiterhin **Hullerner Straße** heißt. Dieser folgen wir geradeaus bis kurz vor ihrem Ende und wechseln durch rot-weiße Poller nach links auf einen Radweg. An der folgenden Wegkreuzung fahren wir geradeaus in die Unterführung unter der Eisenbahn. Wir radeln leicht bergan über eine gepflasterte Straße bis zur Ampelanlage am Friedrich-Ebert-Wall. Die rot-weiße Ausschilderung für Radfahrer weist nach links zum Bahnhof, doch lohnt sich für uns ein kleiner Umweg durch die schöne **Altstadt von Haltern am See ❿.** Wir fahren geradeaus in die **Lippstraße,** die uns direkt zum schönen Marktplatz mit großem Brunnen führt. Hier erwarten uns gleich mehrere Gastronomiebetriebe. Über die **Merschstraße** verlassen wir die Altstadt, passieren einen weiteren sehr schönen Brunnen und fahren nach Überqueren der Rochfordstraße in die **Koeppstraße.** An der T-Kreuzung am **Knotenpunkt 74** halten wir uns links in die **Holtwicker Straße,** die uns zum Bahnhof bringt.

Entspannung ✳ ✳ ✳ ✳ ✳
Genuss ✳ ✳ ✳ ✳ ✳
Erlebnis ✳ ✳ ✳ ✳ ✳

WIE & WANN:
Weitestgehend autofrei mit sehr wenig Stadtverkehr, viele unbefestigte Wege, manchmal Waldwege; am besten zwischen Ostern und Herbstferien bei trockenem Wetter

HIN & WEG:
Auto: Parkplatz am Bahnhof Haltern am See, Zum Ikenkamp 10,
45721 Haltern am See (GPS 51.737981, 7.186494);
besser außerhalb parken und die Tour z. B. am Wanderpark Zum Dachsberg starten,
Zum Dachsberg, 45721 Haltern am See (GPS 51.712579, 7.229798)
ÖPNV: RE 2, RE 42 oder S 9 bis Haltern am See

ESSEN & ENTSPANNEN:
Mutter Wehner ❷ Haardstraße 196, 45739 Oer-Erkenschwick,
Tel. (0 23 68) 9 62 65 10, www.mutter-wehner.de
Zum Sankt Johannes ❸ Haardgrenzweg 330, 45739 Oer-Erkenschwick,
Tel. (0 23 68) 12 09, www.st-johannes-erkenschwick.de
Jupp der Erlebnisbiergarten ❽ Hullerner Straße 107,
45721 Haltern am See, Tel. (0 23 64) 52 16, www.juppamsee.de

ENTDECKEN & ERLEBEN:
Schleusenanlage Flaesheim ❶
Feuerwachturm auf dem Rennberg ❹
Flaesheimer Holzkohlenmeiler ❺
Lippefähre Maifisch ❻ Tel. (0 20 41) 7 77 86 66
Naturschutzgebiet Westruper Heide ❼
Seebad Haltern am See ❾ Hullerner Straße 52, 45721 Haltern am See, Tel. (0 23 64) 25 39,
www.seebad-haltern.de
Altstadt von Haltern am See ❿

* 34,7 Kilometer
* 110 Höhenmeter
* 3 Stunden
* Rundtour

Pixelröhre

Kunst-Erfahrung
Zwischen Dortmund und Kamen

Das Projekt „RUHR.2010 – Kulturhauptstadt Europas" war ein wichtiger Meilenstein für den Struktur- und Imagewandel des einstigen Kohlenpotts hin zu einer modernen Metropol- und auch Kulturregion. Für Radler ist vor allem die Kunst im öffentlichen Raum interessant. Auf dem Seseke-Weg lässt sie sich mit dem Rad buchstäblich „erfahren".

Wir starten in Dortmund-Derne unmittelbar vor dem Bahnhof oben auf der Brücke der **Hostedder Straße**. Südlich vom Bahnsteig stehen wir vor einem kleinen **Denkmal,** das den Zwangsarbeitern auf der Zeche Gneisenau gewidmet ist. Es geht scharf rechts in die **Derner Bahnstraße.** An der nächsten T-Kreuzung halten wir uns rechts Richtung Ortseingangsschild **Dortmund-Derne** und folgen für die nächsten 2,4 Kilometer dem teilweise recht holprigen Weg direkt links neben den Bahngleisen. Nach Querung des Weges **Baukamp** heißt er **Karmsche Heide,** auch **Am Bellwinkelhof** wird überquert. Am Ende fahren wir an der T-Kreuzung links in die **Friedrich-Hölscher-Straße** und gegenüber der Auferstehungskirche gleich wieder rechts in einen zunächst gepflasterten Weg.

Wir biegen rechts ein, rollen über feinen Schotter und fahren am Ende rechts auf einen Asphaltweg am Haus Nummer 18. Es geht direkt wieder rechts und unmittelbar vor der Treppe hoch zur Straße links. Am Ende fahren wir rechts eine kurze, steile Rampe hoch zur Straße **Wambeler Holz,** in die wir nach links einbiegen. Nach ein paar Hundert Metern sehen wir an der linken Straßenseite eine Steinmauer mit einer **Infotafel,**

*Der **Naturlehrpfad „Alte Körne"** ist nicht nur für Familien äußerst interessant. Lehrreiche Infotafeln am Wegesrand vermitteln Hintergrundwissen rund um das Thema Wald. An den einzelnen Stationen gibt es viel zu entdecken und zu erforschen.*

die an die **Zeche Scharnhorst** erinnert. Leider ist bis auf die Mauer und wenige Reste kaum noch etwas von der einst sehr schönen Anlage zu sehen.

Wir halten uns leicht rechts und fahren zwischen zwei Begrenzungssteinen hindurch auf einen breiten, geschotterten Weg. Immer geradeaus kommen wir zur **Friedrich-Hölscher-Straße** und radeln rechts über eine Brücke. Gleich dahinter biegen wir links in einen schönen Weg am Dahlwiesenbach ein und kommen endlich raus aus dem Stadtverkehr. Nach wenigen Metern halten wir uns rechts. Ein Schotterweg führt über eine kleine Brücke und knickt direkt vor einem Feld nach rechts ab. Dann folgen wir dem Radweg neben dem Dahlwiesenbach, von dem wir aber nur wenig sehen. Wir queren die Flughafenstraße und folgen der Radwegebeschilderung nach **Lanstrop/Grevel.** Es geht an einer Streuobstwiese entlang. Bei Kilometer 5,9 fahren wir rechts auf einen asphaltierten Weg, der uns zwischen einer Wohnsiedlung und einem Naturschutzgebiet hindurchführt. Auf Einfamilienhäuser folgen größere Wohnblöcke.

 # Für die Seele

An der Seseke vereint sich wundervolle Natur mit kreativen Kunstwerken zu einer ausgewogenen Kombination intensiver Sinneseindrücke.

Stufen zur Körne

An der T-Kreuzung nach dem letzten Wohnblock biegen wir erneut rechts ab und rollen die nächsten 2,3 Kilometer auf einem schön angelegten Radweg durch das Naturschutzgebiet mit dem **Naturlehrpfad „Alte Körne"** ❶. Dabei folgen wir immer dem Hauptweg, halten uns nach einer kleinen Brücke mitten im Wald links. Bei Kilometer 7,5 fahren wir nach der **Station 23** des Lehrpfads direkt vor einer weiteren kleinen Brücke rechts. Wir passieren ein großes Kreuz mit der Inschrift „Schöpfung bewahren". Tatsächlich steht auf diesem Abschnitt die wunderbare Natur im Vordergrund. Es ist faszinierend, wie sich die Landschaft immer wieder verändert. Hinter jeder Ecke sieht es anders aus.

Schließlich enden der Schotterweg und der Naturlehrpfad bei Kilometer 8,9. An der T-Kreuzung mit einer letzten großen Infotafel fahren wir rechts und sehen schon den Kirchturm von St. Johannes Baptista. Wir radeln links an der Kirche vorbei und kommen zur großen **Kurler Straße.** Der Radweg auf der rechten Seite bringt uns sicher durch eine Unterführung. Nach der Brücke über die Körne biegen wir auf der anderen Straßenseite links ein in den Radweg, der am Bach entlangführt. Nach 600 Metern erreichen wir das Kunstwerk **„Stufen zur Körne"** ❷.

Wir bleiben für einen Kilometer auf dem Hauptweg, fahren an der **Wickeder Straße** kurz links und hinter

__„Stufen zur Körne"__ von der polnischen Künstlerin Danuta Karsten ist Teil des Kunstprojekts „Über Wasser gehen", das die Renaturierung der Seseke und ihrer Zuflüsse begleitet. Wer sich auf den Plattformen in den Auen der Körne entspannt, wird quasi Teil einer Skulptur.

Auszeittour 3

der Brücke wieder rechts auf den Radweg. 2 Kilometer radeln wir entspannt oberhalb der Körne durch wunderbare Natur. Im Hochsommer leuchten hier die Blüten der Goldrute. An der Radwegkreuzung bei Kilometer 11,7 bleiben wir geradeaus. An der **Wasserkurler Straße** wechseln wir erneut aufs andere Ufer der Körne. Hier steht eine **Infotafel zur Schlacht an der Körnebrücke 1761.** Wir folgen der rot-weißen Radwegbeschilderung und kommen nach einer Rechtskurve in ein Wohngebiet. Hier halten wir uns links und am Ende der Wohnstraße wieder links Richtung **Kamen/Südkamen,** bevor es weiter an der Körne entlanggeht. Rechts dehnen sich Felder. An der T-Kreuzung vor einem Feld fahren wir links, dann geradeaus und hinter einer Holzbrücke geradeaus den kleinen Hügel hoch. Dort erwartet uns eine Bank, an der wir erneut links abbiegen – vermutlich nach einer kurzen Rast.

Nach einem Rechtsbogen biegen wir links ab, kurz danach an einer T-Kreuzung nochmals links Richtung **Kaiserau/Westick.** Es geht an einem Hof vorbei, immer der rot-weißen Beschilderung folgend. Vor der Brücke über die Körne biegen wir rechts ab in den Radweg Richtung **Bergkamen/Kamen,** der nun wieder

*Die **Pixelröhre** funkelt bei Sonnenschein von innen und außen. Sie steht direkt an der Mündung der Körne in die Seseke und ist nicht nur ein ungewöhnliches Fotomotiv, sondern auch ein herrlich ruhiger Platz für eine Pause.*

Pixelröhre

direkt am Bach verläuft. Nach einem Tunnel unter Eisenbahnschienen folgt eine **Infotafel zur Berger Mühle,** an der wir links zur **Westicker Straße** fahren. Hier wechseln wir wieder mal ans andere Ufer der Körne und fahren dort auf dem Radweg weiter. Bei Kilometer 16,4, vor einer Kläranlage, überqueren wir an der T-Kreuzung rechts ein letztes Mal die Körne und halten uns danach links. Der Weg führt uns zum Kunstwerk **„Pixelröhre"** ❸

Landschaft im Fluss

von Wolfgang Winter und Berthold Hörbelt.

Wir radeln einige Meter auf gleichem Weg zurück und biegen dann an der T-Kreuzung links ab. Die **Wilhelm-Bläser-Straße** führt uns nach **Kamen.** Nach einem Parkplatz links von uns biegen wir links ein in den **Eilater Weg** Richtung Knotenpunkt 15. Links vor uns ragt das Gerüst der Zeche Monopol, Schacht Grillo, auf.

Am **Knotenpunkt 15** vorbei fahren wir über die Seseke, dann bei erster Gelegenheit links zur 16 in Richtung **Dortmund/Methler.** Ab hier halten wir uns an die grün-weiße Ausschilderung des **Seseke-Wegs.** Bei Kilometer 18,5 treffen wir auf ein weiteres Kunstwerk. **„Stahlplatz"** ❹ von Thomas Mielke zeigt eine Kombination aus Stahlträgern mit Lorenrädern. An der **Hilsingstraße** geht es kurz links auf die Südseite der Seseke zum **Knotenpunkt 16** und direkt rechts auf den Radweg. Nach insgesamt 20 Kilometern gelangen wir zur großen Skulptur **„Jetzt und der Fluss"** ❺ des Künstlers Christian Hasucha.

Wir folgen der Seseke, unterqueren die Autobahn A 2 und kreuzen die Straße Am Langen Kamp. Bei Kilometer 22,9 fahren wir kurz vor einer Straße rechts über die kleine Brücke, dahinter links Richtung **See-**

Skulptur „Jetzt und der Fluss"

Die Skulptur „Jetzt und der Fluss", aus Steingabionen gebaut, soll die Betrachter zum Nachdenken anregen. Es ist ein außergewöhnliches Fotomotiv. Mit etwas Glück sieht man hier auch Nutrias in der Seseke baden – einfach ein wundervolles Plätzchen.

park Lünen und nach Querung der Mühlenstraße weiter entlang des Flusses. Das nächste Kunstwerk bezieht uns Radler ein. **„Line of Beauty – das fünfte Klärwerk"** ⑥ von Susanne Lorenz symbolisiert die mäandrierende Form eines natürlichen Wasserlaufs durch geschwungene Holzelemente im kanalisierten Fluss und parallele Kurven des Radwegs am Ufer. Wenige Pedalumdrehungen weiter erwartet uns **„Landschaft im Fluss"** ⑦ von Thomas Stricker. Eine künstlich angelegte Insel mit ungewöhnlicher Bepflanzung nutzt die bei der Renaturierung der Seseke neu gewonnene Breite des Flussbetts. Ein Ort, um Körper und Seele eine Ruhepause zu gönnen. Kurz dahinter geht es über die Mündung des Kuhbachs und dann links. Etwas weiter wechseln wir erneut die Flussseite, verlassen über die Straße **Im Dorf** kurz die Seseke, biegen aber noch vor einem Bauernhof rechts ein. Am Bauernhof können wir uns im **Hofcafé Freisendorf** ⑧ mit Kaffee und leckerem Kuchen beköstigen.

Direkt nach der Brücke über den Lüserbach geht es rechts zurück zur Seseke. An der nächsten Brücke setzt sich der ausgeschilderte Seseke-Weg leicht nach links versetzt fort. Nach Queren einer Straße wird die Landschaft zunehmend parkähnlich. Hier beginnt der frei zugängliche **Seepark Lünen** ❾ mit schönem Badesee, der bei heißen Temperaturen eine willkommene Abkühlung bietet. Mit dem Rad fahren wir zwischen dem See und dem Datteln-Hamm-Kanal entlang zum **Preußenhafen** ❿. Das alte Hafenbecken ist eine beliebte Marina für Freizeitkapitäne. Der dortige **Kiosk** ist für seine leckere Curry-wurst bekannt.

Nach einer entsprechenden Stärkung folgt die Schlussetappe. Am Kiosk vorbei gelangen wir zur **Gneisenautrasse** ⓫, einem Bahn-trassenradweg, der uns ohne Autoverkehr zurück zur Zeche Gneisenau bringen wird. Zunächst geht es nach Querung der Bebel-straße an einer blauen Seilscheibe

Kiosk am Preußenhafen

Preußenhafen

Auszeittour 3

Grubenlokomotive Gneisenautrasse

*Die **Gneisenautrasse** verläuft vom Preußenhafen zur Zeche Gneisenau in Dortmund. Am Wegesrand stehen Exponate der Bergbaugeschichte. So verbinden sich Freizeit, Industrie und Kultur zu einer tollen Kombination, die Radler erfreut und Fotografen schöne Motive bietet.*

vorbei. Bei Kilometer 29,4 lohnt sich gegenüber der gelben Grubenlokomotive ein kurzer **Abstecher** in die **Zechensiedlung Ziethenstraße** ⑫ mit schönen Backsteinhäusern. Der Gneisenautrasse weiter folgend, müssen wir über die Wörthstraße hinweg.

Von der Zeche Preußen (oder Viktoria) sieht man heute nur noch wenig. Die Auffahrt auf die benachbarte Halde Viktoria lohnt sich nur bedingt. Man findet dort Bänke zum Entspannen, vermisst aber Ausblicke auf die Umgebung.

Am Haldenfuß folgen wir links-rechts der rotweißen Radwegebeschilderung Richtung **Dortmund-Derne.** Es geht weiter nach Süden, und nach einer Linksschleife erreichen wir bei Kilometer 33,7 das Gelände der **Zeche Gneisenau** ⑬. Hier lohnt es sich, kurz auf das kleine Haldenbauwerk hochzuschieben, denn am Ende steht eine Bank mit tollem Blick auf die Zechengerüste.

Unten führt der Radweg am Ende an einer T-Kreuzung nach rechts zur Straße. Hier biegen wir nach links auf den Radweg auf der anderen Straßenseite ab und gelangen über die **Gneisenauallee** zu einem Kreisverkehr und zu unserem Ausgangspunkt.

Zechensiedlung Ziethenstraße

Zeche Gneisenau

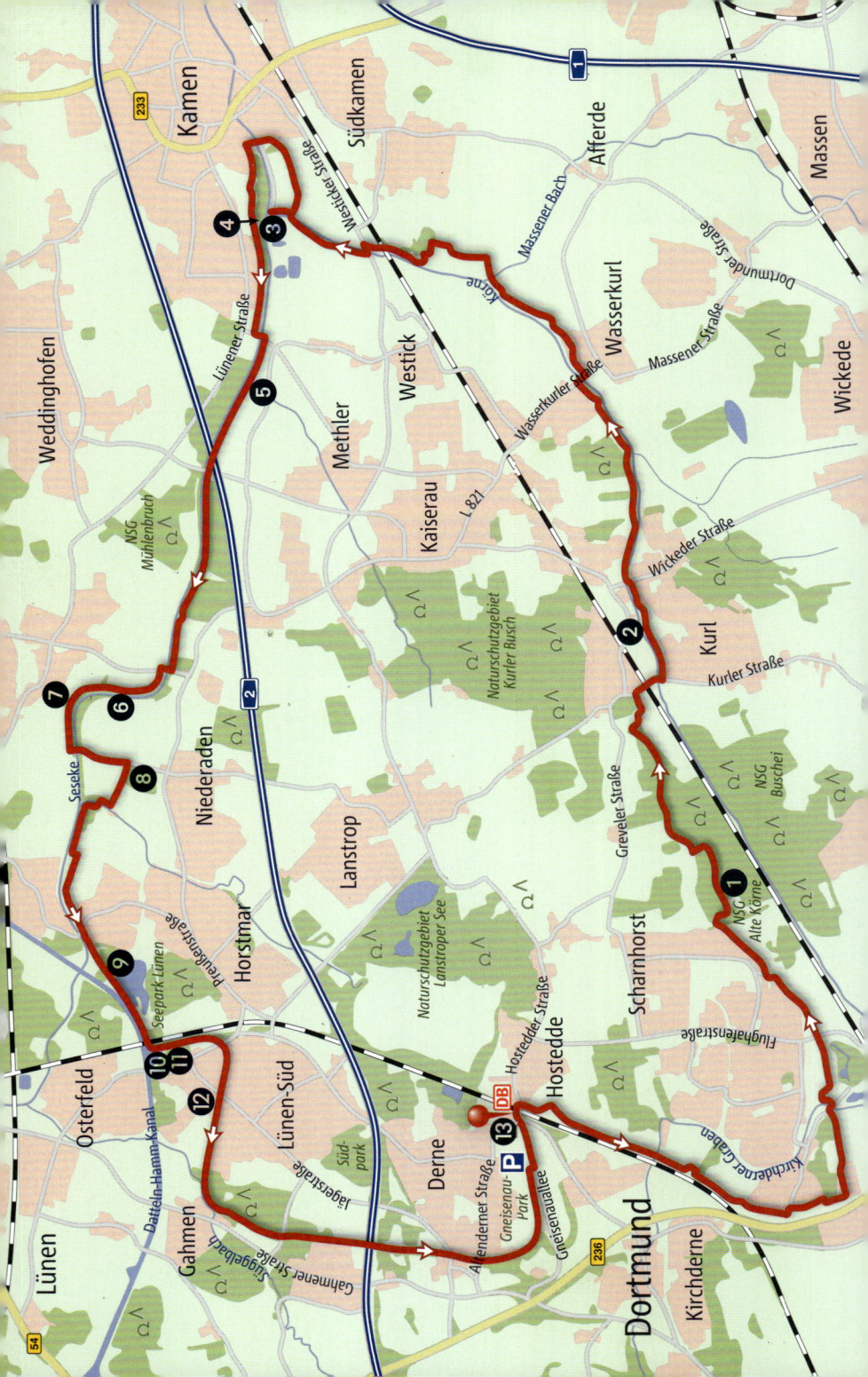

Alles auf einen Blick

Entspannung ✴ ✴ ✴ ✴ ✴
Genuss ✴ ✴ ✴ ✴ ✴
Erlebnis ✴ ✴ ✴ ✴ ✴

WIE & WANN:
Am besten zwischen Ostern und Herbstferien bei trockenem Wetter

HIN & WEG:
Auto: Parkstreifen vor der Zeche Gneisenau, Gneisenauallee, 44329 Dortmund
(GPS 51.564988, 7.518625)
ÖPNV: RB 50 oder 51 bis Dortmund-Derne

ESSEN & ENTSPANNEN:
Hofcafé Freisendorf ➑ Im Dorf 29, 44532 Lünen, Tel. (0 23 06) 4 38 43, www.hof-freisendorf.de
Preußenhafen Lünen Kiosk ➓ Hafenstraße 1, 44532 Lünen, Tel. (02 31) 3 95 67 77

ENTDECKEN & ERLEBEN:
Naturlehrpfad „Alte Körne" ➊ www.naturlehrpfad-alte-körne.de
„Stufen zur Körne" ➋
„Pixelröhre" ➌
„Stahlplatz" ➍
„Jetzt und der Fluss" ➎
„Line of Beauty – das fünfte Klärwerk" ➏
„Landschaft im Fluss" ➐
Seepark Lünen ➒ Preußenstraße 57, 44532 Lünen
Preußenhafen ➓
Gneisenautrasse mit Exponaten der Bergbaugeschichte ⓫
Zechensiedlung Ziethenstraße ⓬
Zeche Gneisenau ⓭ Heringstraße 1, 44329 Dortmund,
Tel. (02 31) 93 11 22 33, www.bergwerk-gneisenau.de

* 38,1 Kilometer
* 210 Höhenmeter
* 4 Stunden
* Rundtour

Treppenkaskade Lünen

Historische Spur
Landpartie um Werne und Lünen

Das Ruhrgebiet ist ländlicher, als viele denken. Auch geschichtlich hat es mehr zu bieten als „nur" Industriekultur. Diese Radtour gibt unter anderem Einblicke in die römische, mittelalterliche, aber auch die jüngere Vergangenheit der Region.

Nach einer bequemen Anreise per Bahn geht es vom Bahnhof in Werne, mit dem Bahnhofsgebäude im Rücken, nach rechts die Straße **Am Bahnhof** entlang. Sie wird zum schmalen Weg. Wir überqueren die Straße Penningrode. Genau gegenüber beginnt ein kleiner Weg, der zur **Kettelerstraße** wird. Durch die schmale Umlaufschranke schieben wir lieber. Bei der nächsten Möglichkeit geht es rechts auf der Straße **Brinkhof** durch eine Wohnsiedlung. An der folgenden T-Kreuzung bleiben wir links auf Brinkhof. An der Kreuzung mit der Selmer Straße fahren wir rechts versetzt die **Wagenfeldstraße** weiter. Vor uns am Horizont sehen wir das Kraftwerk Bergkamen. Die Tour führt über die Wibbeltstraße hinweg geradeaus in eine Spielstraße. An einer Art Rondell mit mehreren Parkplätzen fahren wir halb rechts und in die **Grabbestraße,** dann bei der ersten Möglichkeit links in die **Flandernstraße.** An deren Ende biegen wir rechts ein in die Jahnstraße. Über die Berliner Straße geht es geradeaus hinweg in die Straße **Am Bellingholz,** der wir 1,4 Kilometer lang folgen werden.

Die Siedlung wirkt nun ländlich. Links und rechts sehen wir schöne Vorgärten, wahre kleine Blumenparadiese. Schließlich endet die Bebauung, wir radeln durch Felder. Nach Querung des breiten Nordlippe-rings fahren wir auf dem **Martinsweg** weiter. Um uns herum sehen wir Ziegen, Kühe und Pferde – wir sind so richtig im Landleben angekommen. Bei Kilometer 3,7 biegen wir am Radwegweiser Richtung **Cappenberg** rechts ein in den Weg **Am Romberg**. Das riesige Logistikzentrum von Amazon, ein wichtiger Arbeitgeber, will nicht so recht in die ländliche Gegend passen. Wir folgen dem Wegverlauf durch ein Wäldchen und an einem Feld vorbei. Bei Kilometer 4,6 biegen wir gegenüber einem Bauernhof links in einen Feldweg ein und verlassen das ausgeschilderte Radwegenetz. Der Weg knickt an einer Bank um 90 Grad nach links weg, wieder nach rechts hinein in ein weiteres Wäldchen, wieder nach links. Dann biegen wir bei Kilometer 5,2 rechts in einen Waldweg ein. Es folgt eine kleine Abfahrt, wir halten uns rechts. Nach viel Regen kann es hier unter Umständen mal schlammig werden.

Nach einem Rechtsbogen biegen wir links ein in die Straße **Am Gerlingbach.** Rechts von uns liegt der ehemalige Bauernhof Holtmann. An der folgenden T-Kreuzung halten wir uns nach den Wegepollern links, biegen dann bald wieder rechts ein in einen klassi-

 # Für die Seele

Wir rollen entspannt über den Kuhbach-Weg und genießen die herrliche Ruhe abseits der Hauptrouten.

schen Pättkesweg, wie er typisch für das nahe gelegene Münsterland ist. Er führt uns zwischen Bahnlinie und Feld dahin.

Über die Langernstraße hinweg geht die Tour rechts von einem Wegkreuz in der Straße **Am Sunderbach** weiter. Nach Süden öffnet sich kurz ein schönes Panorama mit Blick auf die Zeche Haus Aden, die wir später noch von Nahem sehen werden. Schloss Cappenberg kann man nur erahnen. Wir bewältigen ein paar Höhenmeter hoch zur breiten Autostraße **Varnhöveler Straße,** der wir nach links auf dem straßenparallelen Radweg folgen. Hinter dem Ortsschild von **Selm** erreichen wir den Eingang zu **Schloss Cappenberg** ❶. Während unseres Rundgangs über das Schlossgelän-

Schloss Cappenberg war ursprünglich ein Prämonstratenserkloster. Die Anlage stammt aus dem 17./18. Jahrhundert und gilt als bedeutendes Beispiel westfälischer Klosterbaukunst des Barock. Mit Museum und schönem Park ist das Schloss heute ein beliebtes Ausflugsziel.

Schloss Cappenberg

de müssen die Fahrräder draußen warten. Das **Café Alte Kegelbahn** gibt uns Gelegenheit zu einer ersten Kaffeepause.

Vom Schloss geht es links über die **Cappenberger Straße** bergab. Es gibt einen für Radfahrer freigegebenen

Café Alte Kegelbahn

parallelen Weg, doch ist die Straße die bequemere Variante. An der nächsten Kreuzung fahren wir halb links weiter auf der Cappenberger Straße, ab hier ist der Radweg links gut ausgebaut. Vor dem Ortseingangsschild von **Lünen** biegen wir rechts ein in die Straße **Am Holt** in Richtung **Nordlünen.** Der Schotterweg führt am Friedhof vorbei unter einem grünen Blätterdach leicht bergab zu einem Kriegerdenkmal. Hier fahren wir links auf den kleinen Radweg, der am Krempelbach entlangführt und als **Leezenpatt** ausgeschildert ist. Über eine kleine Holzbrücke wechseln wir auf die linke Bachseite und bleiben ihr treu bis zu einem Parkplatz. Dort biegen wir über eine weitere Brücke rechts ab. Direkt dahinter verläuft links ein kleiner, malerischer Pättkespfad zwischen Gärten und einem Reiterhof.

An der **Borker Straße** fahren wir links und direkt hinter dem Restaurant Haus Wieneke rechts in die Straße **Im Ort.** Sie führt uns über Bahngleise und weiter in die Straße **In den Hummelknäppen.** An deren Ende biegen wir links in die **Alstedder Straße.** Gegenüber einem großen Parkplatz zweigt rechts ein Radweg Richtung **Innenstadt** ab, der uns in einer Linksschleife zur **Römer-Lippe-Route** bringt. Dieser folgen wir auf dem kleinen Deich nach links. Wir blicken in die Lippeauen und später direkt auf den längsten Fluss von NRW. Vorbei an ei-

nem kleinen Aussichtspunkt gelangen wir nach Lünen.

Die Promenade oberhalb der Lippe ist ideal für
entspanntes Radeln. An der **Treppenkaskade** ❷ können
wir an heißen Tagen die glühenden Füße ins kühle
Nass tauchen. Im Zentrum von Lünen erwarten diverse Gastronomiebetriebe hungrige Radler – Bur-
gerfreunde machen beim **Baseburger Lünen** ❸ direkt gegenüber der Treppenkaskade alles richtig.

An der **Münsterstraße** überqueren wir am **Knotenpunkt 23** die Lippe Richtung **Lünen-Mitte.**

Wer nach der Brücke geradeaus fährt, gelangt in
die Fußgängerzone mit Shoppingmöglichkeiten und
vielen Gastronomiebetrieben. Unsere eigentliche
Route zweigt aber direkt hinter der Brücke links ab auf
einen schmalen Weg an der Lippe entlang. Vor der
Rampe zur Bundesstraße 54 halten wir uns rechts.
Dann fahren wir links durch eine Unterführung und
dahinter links hoch auf den Lippedamm Richtung
Bergkamen. Dieser bringt uns schnell zur Mündung der
Seseke, die wir auf einer kleinen Brücke überqueren.
Direkt dahinter rechts kommen wir zur **Kamener Straße.**

Wir folgen der Ausschilderung der **Römer-Lippe-Route –** an ihr werden wir uns nun bis zum Römerpark

Treppenkaskade Lünen

Bergkamen orientieren – nach links und verlassen die Straße nach den Eisenbahnunterführungen. Links hoch gelangen wir wieder auf den Lippedamm. Nachdem wir eine Brücke unterquert haben, wird es richtig entspannt. Der Radweg schlängelt sich oberhalb der Lippeauen durch ein herrliches Waldgebiet. Immer wieder erklären Infotafeln die Natur.

Bei Kilometer 19,7 erwartet uns ein Zeitsprung in die römische Vergangenheit. Ein **römisches Uferkastell** ❹ mit dem Nachbau eines Schiffes liegt rechts im Wald.

Römerschiff

Wir folgen weiter unserem Radweg und kommen zur Hammer Straße. Genau gegenüber fahren wir in die Straße **Im Westfeld.** Nach einigen Wohnhäusern zweigt der Weg nach links ab zum **Knotenpunkt 18** am Datteln-Hamm-Kanal, dem wir für 1,2 Kilometer links in Richtung Hamm folgen.

Mit Blick auf die Zeche Haus Aden, die an die wirtschaftlich wichtige Ära des Steinkohlenbergbaus erinnert, nehmen wir die nächste Brücke auf die andere Kanalseite. Wir fahren vor der Brücke, dem Radwegweiser Richtung **Römerpark Bergkamen** folgend, die Rampe hoch und queren auf dem **Heiler Kirchweg** den Kanal. Es geht wieder bergab, wir halten uns in der **Rotherbachstraße** links. Nach dem Bahnübergang fahren wir bei der ersten Möglichkeit rechts in die **Alisostraße,** dem Hinweisschild zum **Römerpark** folgend, dann links in die Straße **Am Römerberg.** Bei Kilometer 23,8 biegen wir rechts ein und finden uns am **Römerpark Bergkamen** ❺ erneut in der römischen Zeit wieder.

Wir folgen dem Radweg durch ein kleines Wäldchen, zunächst leicht bergan, später abwärts. In der Ortschaft **Oberaden** sehen wir rechts den Kirchturm der evangelischen Martin-Luther-Kirche, der uns an eine

Im Römerpark Bergkamen wurde eine römische Holz-Erde-Mauer nachgebaut. Mit solchen Wällen schützten sich die römischen Legionen vor den Germanen. Im Sommer campieren hier gern Freunde der römischen Zeit in originalgetreuen Zelten und mit originalgetreuer Kleidung.

Grubenlampe erinnert. Wo die Römer-Lippe-Route nach links abzweigt, folgen wir der **Burgstraße** und der Beschilderung zum **Seseke-Weg** weiter geradeaus bis zur großen Lüner Straße. Unmittelbar vor ihr biegen wir links auf den **Kuhbach-Weg** ein, dem wir für 6,5 Kilometer folgen werden.

Schon nach wenigen Pedalumdrehungen sehen wir links in einer Wiese das Kunstwerk „**Die Römer**" ❻ von Dietrich Worbs. Es zeigt eine römische Legion hinter einem Palisadenzaun.

An der **Jahnstraße** lohnt sich ein kurzer Abstecher nach links zur Fußgängerampel, denn hier zeigen uns römische Ampelmännchen, ob wir gehen dürfen. Wir rollen an einem Supermarkt vorbei und nehmen beim nächsten Abzweig den linken Weg Richtung **Bergkamen-Mitte.** Bei Kilometer 26,2 wechseln wir am Wegweiser die Bachseite und folgen weiter dem Kuhbach-Weg.

Bei Kilometer 30,7 endet der Kuhbach-Weg und stößt auf die **Klöcknerbahn,** einen Bahntrassenweg, der uns links Richtung Werne zurückbringen wird. Ab hier befahren wir wieder das offizielle Knotenpunktsystem und orientieren uns Richtung Knotenpunkt 2.

*Der **Kuhbach-Weg** kann ein wenig als Geheimtipp für Radler bezeichnet werden, die eine gute West-Ost-Verbindung im Bereich Bergkamen suchen. Mit grünen Schildern bestens markiert und wunderbar ausgebaut, lässt er sich richtig gut fahren.*

Kuhbach-Weg

Auszeittour 4

Marina Rünthe

Nach einer Fahrradampel geht es kurz an einem Feld vorbei, dann links einen asphaltierten Weg runter und am Radwegweiser rechts weiter Richtung Knotenpunkt 2. Unmittelbar vor dem Datteln-Hamm-Kanal verlassen wir am Wegweiser das Knotenpunktsystem und wechseln links über einen Parkplatz Richtung **Werne/Hamm** zur Brücke der **Werner Straße**, denn die alte Eisenbahnbrücke über den Kanal gibt es nicht mehr. Sportbootfreunde können hier links einen Abstecher zur mondänen **Marina Rünthe** ❼ mit dem **Schwimmenden Kiosk** machen.

Nach der Kanalbrücke wechseln wir der Beschilderung folgend wieder rechts auf die Bahntrasse. Kurz darauf überqueren wir die Lippe. Hinter der Brücke verlassen wir die Bahntrasse nach links, gelangen erneut zur **Werner Straße** und folgen ihr für 800 Meter nach rechts.

An der Einmündung des **Südrings** folgen wir der Radwegbeschilderung halb links in den Wald. Schnell erreichen wir den Stadtsee und, am **Knotenpunkt 3** links, das **Gradierwerk** ❽ an der nördlichen Seite des Sees.

Über die Straße **Am Hagen** gelangen wir zu dem Parkplatz, an dem **für alle, die mit dem Auto angereist sind, die Tour beginnt und endet.**

❗ Die **Marina Rünthe** ist ein wichtiger Sportboothafen und versprüht mit ihrem Ambiente maritimes Flair. Der **Schwimmende Kiosk** ist wohl einzigartig in ganz NRW und serviert leckere Bratwurst und kühle Getränke direkt am Hafen.

Landpartie um Werne und Lünen

An dessen nördlichem Ende steht eine Seilscheibe. Über einen Kreisverkehr gelangen wir in die **Steinstraße,** die uns ins **historische Zentrum von Werne** ➒ führt. Tagsüber müssen wir hier das Fahrrad schieben, aber die schmucken Fachwerkhäuser und das tolle Ambiente sind das wert. Am Marktplatz geht es geradeaus, dann links. **Omas Café** ➓ bietet eine nette Gelegenheit für ein letztes Päuschen, bevor es am Busbahnhof links auf den Radweg entlang dem **Konrad-Adenauer-Platz** geht. Der **Bahnhofstraße** folgen wir geradeaus bis zum zweiten Kreisverkehr und gelangen dort links zurück zum Bahnhof.

Seit 1991 steht das 50 Meter lange Gradierwerk vor dem Stadtsee in Werne. Salzhaltiges Wasser, sogenannte Sole, rieselt langsam über Zweige vom Schwarzdorn. Die mit Sole angereicherte Luft gilt als gesund für die Atemwege.

Gradierwerk Werne

Altstadt Werne

Altstadt Werne

Kirche als Grubenlampe

Entspannung ✷✷✷✷✷
Genuss ✷✷✷✷✷
Erlebnis ✷✷✷✷✷

WIE & WANN:
Oft autofrei, nur am Anfang etwas Stadtverkehr; viele unbefestigte Wege, wenig Asphalt; am besten zwischen Ostern und Herbstferien bei trockenem Wetter

HIN & WEG:
Auto: Parkplatz am Solebad Werne (kostenpflichtig), Am Hagen 2, 59368 Werne (GPS 51.659997, 7.632841);
Einstieg in die Tour an der Straße Am Hagen
ÖPNV: Ab Dortmund Hbf. oder Münster Hbf. RB 50 bis Werne

ESSEN & ENTSPANNEN:
Café Alte Kegelbahn Schloss Cappenberg ❶ Schloßberg, 59379 Selm,
Tel. (0 23 06) 9 59 32 11, www.cafe-kegelbahn.de
Baseburger Lünen ❸ Münsterstraße 1a, 44534 Lünen,
Tel. (0 23 06) 9 59 35 00, www.baseburger.de/restaurants/luenen
Schwimmender Kiosk ❼ Hafenweg 4, 59192 Bergkamen, Tel. (01 71) 9 90 82 03
Omas Café ❿ Konrad-Adenauer-Straße 13, 59368 Werne,
Tel. (0 23 89) 7 79 62 18, www.omas-cafe-werne.de

ENTDECKEN & ERLEBEN:
Schloss Cappenberg ❶ Schloßberg, 59379 Selm, Tel. (0 23 06) 7 11 70
Treppenkaskade Lünen ❷
Römisches Uferkastell ❹
Römerpark Bergkamen ❺ Am Römerberg 1, 59192 Bergkamen-Oberaden,
Tel. (0 23 06) 3 06 02 10 (Stadtmuseum Bergkamen), www.roemerpark-bergkamen.de
Kunstwerk „Die Römer" ❻
Marina Rünthe ❼ Hafenweg 30, 59192 Bergkamen, www.marina-ruenthe.de
Gradierwerk Werne ❽
Historisches Zentrum von Werne ❾

Hafen von Hamm

* 32,5 Kilometer
* 90 Höhenmeter
* 3 Stunden
* Rundtour

Wassererlebnis
Hamm per Rad

Mit der Lippe, dem Datteln-Hamm-Kanal, der Ahse, einem schönen Badesee und einem ruhigen Kurpark übernimmt das Wasser die Hauptrolle bei dieser Radtour rund um Hamm.

Wir starten am Hauptbahnhof im Zentrum der Großstadt. Vom Bahnhofsvorplatz folgen wir der rot-weißen Radwegbeschilderung über die **Gustav-Heinemann-Straße** zum **Westring.** Wir queren über eine Ampel auf die andere Seite und schwenken nach links. An der **Hafenstraße** geht es rechts und dann der Ausschilderung Richtung **Werne** folgend auf die andere Straßenseite. Dort fahren wir rechts und schon nach wenigen Metern hoch auf die Brücke über den Datteln-Hamm-Kanal.

Direkt nach der Brücke – noch vor der nächsten Brücke über die Lippe – rollen wir links auf den Mitteldamm, der uns ganz entspannt zwischen Lippe und Kanal nach Westen führt.

Wir unterqueren einen breiten Schienenstrang und blicken dann links auf das **Hafengelände von Hamm ❶,** während wir weiter dem Mitteldamm folgen. Zuerst steht der Hafen im Zentrum, dann die Lippe, später der große Ölhafen – ein spannender Kontrast von Naturidylle rechts und Industriehafen links von uns.

Schließlich gelangen wir zu markanten weißen Brücken über den Kanal und die Lippe. Hier, am **Knotenpunkt 6,** verlassen wir den Kanal und queren nach rechts über die **Lippebrücke** auf die andere Seite des längsten Flusses in NRW. Nach der Brücke halten wir uns kurz links, vollführen dann eine Kehrtwende scharf rechts weiter die Rampe hinab und rollen schließlich halb links vor dem roten Backsteinhaus des Pumpwerks Hamm-Eversbach hinein ins **Naturschutzgebiet Alte Lippe und ehemaliger Radbodsee.** Eine Infotafel stellt uns das Naturschutzgebiet vor.

Auf einem Schotterweg geht es über einen alten Lippearm hinweg zu einem kleinen Rastplatz. Wir biegen rechts ab und umfahren gegen den Uhrzeigersinn die Halde Radbod. Bei Kilometer 6,1 radeln wir an der Gabelung links, dem Pfeil auf rotem Grund folgend, bergauf zu einem Freigelände.

Rechts sehen wir bereits die Gerüste der **Zeche Radbod ❷.** Die Auffahrt links hoch auf die Halde wäre nett, ist aber recht steinig. So folgen wir dem Radweg zum Strommast, dann links einem gepflasterten Weg und gleich darauf rechts einem Schotterweg. Er führt über ein Feld links an der Zechenanlage vorbei. So können wir das Ensemble der drei Zechengerüste gebührend bestaunen.

Wir fahren weiter, bis der Weg scharf links leicht ansteigend abknickt. Am Ende geht es rechts über einen Parkplatz zur **Hammer Straße,** der wir auf dem Rad-

*Auf Schacht 1 der **Zeche Radbod** begannen 1905 die ersten Abteuf-Arbeiten. 1989 arbeiteten hier 1.700 Personen, bevor die Zeche 1990 geschlossen wurde. Das Ensemble aus drei filigranen Zechengerüsten ist ein Paradebeispiel schöner Industriearchitektur.*

Hafen von Hamm

❀ Für die Seele

Wir sitzen vor dem Gradierwerk Hamm, saugen die salzhaltige Luft in uns auf und lassen tiefenentspannt die schöne Radtour noch einmal Revue passieren.

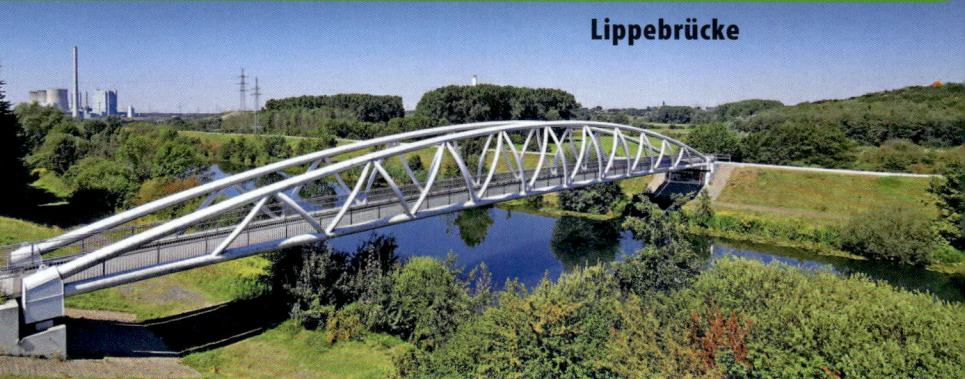

Lippebrücke

weg nach rechts folgen. Bei Kilometer 7,8 queren wir zunächst die Straße Am Förderturm, dann nehmen wir die Fußgängerampel auf die andere Straßenseite. Die Ampelmännchen sind hier kleine Bergleute mit Grubenlampe.

Gegenüber startet die alte **Kohlenbahntrasse,** die uns die nächsten 1,8 Kilometer abseits des Straßenverkehrs entspannt Richtung Osten führt. Einige Straßen werden gequert, dann endet die gut ausgebaute Strecke und wir fahren unter Bahngleisen hinweg. Nach der Unterführung geht es links hoch auf den **Grundhövelweg.** Er bringt uns in einem langen Rechtsbogen über einen kreisrunden kleinen Platz und erneut unter Schienen hindurch zur **Killwinkler Straße**. Zuerst geht es über ein Feld, dann beginnt wieder Wohnbebauung. Nach der Ampelanlage an der Münsterstraße fahren wir geradeaus in den Radweg zwischen einem Backsteingebäude und einem Holzzaun mit dem Schild Münsterstraße. Nun sind wir wieder abseits des

Straßenverkehrs, neben einer alten Bahntrasse. An der T-Kreuzung mit dem Westberger Weg geht es links hoch auf den Bahndamm und direkt rechts auf **Am Heimshof.** Der Radweg ist schön asphaltiert und endet vor einem Kreisverkehr, in dessen Zentrum eine alte gelbe Grubenbahn steht.

Wir befinden uns auf dem Gelände der ehemaligen **Zeche Sachsen** ❸, von der aber wenig übrig ist. Dafür erzählen Infotafeln am Wegesrand von der Geschichte der einst östlichsten Zeche des Ruhrgebiets.

Auf der anderen Seite des Kreisverkehrs fahren wir in den **Sachsenweg** ein. Wir passieren unter anderem ein Fahrradgeschäft. Die **Alfred-Fischer-Halle** ist das größte Gebäude, das von den ehemaligen Zechenbauten noch steht. Wer eine kleine Auszeit benötigt, ist in der **Eisdiele Di Vinti** ❹ richtig.

Die Tour führt bis zum Ende des **Sachsenwegs** weiter, dann rechts auf dem **Dasbecker Weg** über Bahngleise

*Die **Eisdiele Di Vinti** ist vor allem für ihre leckeren Spaghettieisbecher bekannt. Auf der Terrasse können sich Gäste entspannt in einen Strandkorb legen. Der Kaffee kommt frisch aus der eigenen, nebenan gelegenen Rösterei – ob Bright Night, Indie Rock oder Classico.*

Zeche Radbod

Eisdiele Di Vinti

hinweg. Dahinter fahren wir rechts eine Rampe hinab und gelangen zur **Ahlener Straße.** An der Ampelanlage fahren wir geradeaus in die **Amtsstraße** ein. In die **Heessener Dorfstraße** biegen wir links ein und folgen ihr immer geradeaus in den alten Dorfkern von **Heessen** ➎. Nach Querung der breiten Vogelstraße sehen wir immer wieder schöne Fachwerkhäuser am Wegesrand. Die Heessener Dorfstraße knickt nach rechts ab, wir passieren die Kirche St. Stephanus und gelangen zur großen Dolberger Straße. Wir fahren über den kleinen Postkutschenplatz. Leicht rechts queren wir über eine Fußgängerampel die Straße und gelangen auf die Zufahrtsstraße zum **Schloss Heessen** ➏. Das ist zwar im Privatbesitz einer Schule und kann normalerweise nicht besichtigt werden, doch die Schlossanlage mit ihren zackigen Giebeln ist auch von außen sehenswert.

Vor dem Schloss fahren wir links und folgen der Beschilderung der **„Wasserschloss"-Schleife** der Römer-Lippe-Route. Links blicken wir auf weite Felder, rechts liegen die Lippeauen mit ihrem Naturschutzgebiet. Bei Kilometer 16,1 biegt der Hauptweg nach

Historisches Zentrum Heessen

Schloss Heessen

links ab, dann wieder rechts in das Waldgebiet Lohbusch. Nach kurzer Zeit taucht rechts ein schönes Plätzchen mit Bank direkt im Wald auf. Vor uns wachsen die Bäume hoch empor und wir fühlen uns für einen Augenblick eins mit der Natur, auch wenn die Zivilisation und ihre Verkehrsachsen nicht fern sind.

An der nächsten T-Kreuzung fahren wir rechts auf den Weg **Zum Schloss Oberwerries,** der auf Asphalt verläuft. Dann folgen wir der Radwegbeschilderung wieder links. An der Kreuzung bei Kilometer 17,4 lohnt sich ein Abstecher geradeaus zum **Aussichtsturm Niederwerrieser Weg ❼,** von dem man einen schönen Blick auf die Lippeauen hat. Ansonsten folgen wir dem Weg nach links und stehen schließlich vor dem **Wasserschloss Oberwerries ❽.** Es lohnt sich, die Räder kurz abzustellen und über das Gelände zu schlendern.

Dann geht es weiter über einen kleinen Feldweg am Schloss vorbei zur Lippe, wo wir uns eigenhändig mit der **Lippefähre Lupia ❾** auf die andere Flussseite übersetzen. Sollte die Fähre nicht in Betrieb sein, müssten wir über die Brücke beim erwähnten Aus-

sichtsturm Niederwerrieser Weg fahren und zuerst dem R 41 und später links der Römer-Lippe-Route folgen.

Auf der anderen Flussseite führt der Weg hoch in die **Lippeauen** ⑩, dann an der Gabelung links.

Wir folgen der Radwegbeschilderung und gelangen nach einem Linksknick direkt an die Lippe. Es folgt eine landschaftlich herrliche Strecke am Fluss entlang. Schließlich kommen wir zu einem Parkplatz, halten uns am **Haarener Weg** rechts. Der Radweg führt zur stark befahrenen **Lippestraße,** der wir ein kurzes Stück nach rechts folgen müssen. Dann biegen wir links in die **Sundernstraße** Richtung **Wasserski Hamm** ⑪ ein. Auf der linken Seite liegt der Badesee mit kleiner Sandbucht und zwei Wasserskianlagen.

Auf der Sundernstraße geht es weiter zum Alter Uentroper Weg. Nach dessen Überquerung biegen wir halb rechts auf einen Bahntrassenradweg ein und fahren ab hier bis zum Kurpark auf dem **Werse-Radweg.** Dieser führt uns zum Datteln-Hamm-Kanal mit seinem grünlich-trüben Wasser. Schiffe fahren hier nur selten. Wir müssen unmittelbar hinter der grauen

*Die **Lippeauen** lassen sich vom Fähranleger zu Fuß auf einem 650 Meter langen Rundweg erkunden oder wenig später von einem Aussichtspunkt überblicken. Dort stehen am Weg zwei Fahrradbügel zum Anschließen der Räder bereit.*

Wasserski Hamm *bietet zwei moderne Wasserski-anlagen, außerdem einen kleinen Badestrand und eine nette Strandbar. Die Benutzung der Liegewiese ist kostenpflichtig, aber an heißen Tagen ist die willkommene Erfrischung den Preis wert.*

Wasserski Hamm

Kurpark

*Der **Kurpark Hamm** ist ein wunderbarer Ort der Ruhe und Entspannung. Auf den zahlreichen Bänken findet jeder ein ruhiges Plätzchen zum Verweilen. Der Hauptweg ist für Radler freigegeben. Wer den Park genauer erkunden will, sollte dies zu Fuß tun.*

Brücke rechts und wenig später erneut rechts die Rampe hoch zum **Alten Uentroper Weg,** um über die Brücke die Kanalseite zu wechseln. Nach der kurzen Abfahrt von der Brücke folgen wir rechts der rotweißen Beschilderung zum Kanal, an dem wir nach links entlangradeln. Die nächsten 4 Kilometer werden wir entspannt an seinem Südufer zurück Richtung Hamm rollen.

An der Schleuse Werries fahren wir unter der Fußgängerbrücke durch, dann kurz links und sofort rechts auf die Wohnstraße an der Schleuse vorbei. Nach Querung der Lippestraße radeln wir unter dem Blätterdach großer Bäume weiter am Kanal entlang.

Bei Kilometer 28,4 fahren wir links in den **Kurpark von Hamm** 12 ein. Auf einer Brücke überqueren wir einen kleinen See. Weiter geht es zum Kurhaus, rechts auf den Vorplatz und am Ende links zum **Café im Kurhaus Bad Hamm** 13, wo uns ein leckeres Stückchen Kuchen winkt.

Ein kleiner Radweg führt uns noch vor der Ostenallee nach rechts über die Fährstraße in den Park mit dem **Gradierwerk**. Hier können wir bei salzhaltiger Luft die Ruhe des Kurparks genießen, bevor wir über eine schmale Brücke über die Ahse radeln und zur **Maximare Erlebnistherme** 14 gelangen. Über die **Jürgen-Graef-Allee** gelangen wir zwischen Sportplatz und Stadion hindurch zum Kanal. Links rollen wir parallel zum Uferweg für Fußgänger durch eine schöne Allee, fahren bei Kilometer 30,7 leicht rechts einen gepflasterten Weg hoch und passieren die Schleuse Hamm. Es geht unter der Brücke der Münsterstraße hindurch, und hier schließt sich der Kreis. Auf bekanntem Weg geht es zurück zum Hauptbahnhof Hamm.

Kurparkschänke

Maximare

Alles auf einen Blick

Entspannung ✸✸✸✸✸
Genuss ✸✸✸✸✸
Erlebnis ✸✸✸✸✸

WIE & WANN:
Oft autofrei mit nur wenig Stadtverkehr, Mischung aus Asphalt- und unbefestigten Wegen; am besten zwischen Ostern und Herbstferien bei trockenem Wetter

HIN & WEG:
Auto: Parkhaus Bahnhof Eingang West, Unionstraße, 59067 Hamm (GPS 51.678737, 7.805630)
ÖPNV: Diverse RE- und RB-Linien bis Hamm (Westf.) Hbf.

ESSEN & ENTSPANNEN:
Eisdiele Di Vinti ④ Sachsenweg 7, 59073 Hamm,
Tel. (01 57) 51 29 66 70, www.kaffeeroesterei-divinti.de
Café im Kurhaus Bad Hamm ⑬ Ostenallee 87, 59071 Hamm,
Tel. (0 23 81) 8 71 02 00, www.kurhaus-bad-hamm.de/gastronomie

ENTDECKEN & ERLEBEN:
Hafengelände von Hamm ①
Zeche Radbod ② An den Fördertürmen 6, 59075 Hamm,
www.industriedenkmal-stiftung.de/denkmale/zeche-radbod
Zeche Sachsen ③ **Alter Dorfkern von Heessen ⑤**
Schloss Heessen ⑥ **Aussichtsturm Niederwerrieser Weg ⑦**
Wasserschloss Oberwerries ⑧ Zum Schloss Oberwerries 1,
59073 Hamm, www.hamm.de/schloss-oberwerries
Lippefähre Lupia ⑨ www.life-lippeaue.de, Tel. (0 20 41) 7 77 86 66
Lippeauen ⑩
Wasserski Hamm mit Badestrand ⑪ Sundernstraße 10, 59071 Hamm,
Tel. (0 23 88) 30 38 25, www.wasserski-hamm.de
Kurpark von Hamm ⑫
Maximare Erlebnistherme ⑭ Jürgen-Graef-Allee 2, 59065 Hamm,
Tel. (0 23 81) 87 80, www.maximare.com

Phänomania
Erfahrungsfeld

* 35 Kilometer
* 180 Höhenmeter
* 3 Stunden
* Rundtour

Auf gut 30 Kilometern erleben wir heute alles, was die Radregion Ruhrgebiet ausmacht: tolle Bahntrassenradwege, Zechen, ein kultiges Büdchen, eine Wasserstraße, Blicke in Kleingärten und als Highlight ein UNESCO-Welterbe.

Die Tour startet am **UNESCO-Welterbe Zollverein ❶** in Essen direkt auf dem Ehrenhof vor Schacht 12. Mit Blick auf das berühmte Zechengerüst fahren wir nach rechts am kleinen Geländemodell und wenig später am Casino Zollverein vorbei. Rechts taucht der markante Kubus des **Sanaa-Gebäudes** auf. Die Folk-

Zeche Zollverein Miniaturmodell

Halden-Trio

Genussradeln rund um Gelsenkirchen

wang-Universität unterrichtet hier junge Künstlerinnen und Künstler. Wir stoßen auf Schienen und folgen ihnen nach rechts über eine Zufahrtsstraße hinweg zur Ampelanlage an der Gelsenkirchener Straße. Gegenüber startet eine Trasse, auf der einst Kohlenzüge ihre schwere Fracht vom Zechengelände brachten. Heute ist sie als **Zollvereinweg** bekannt und führt uns über die Straße Schönnebeckhöfe hinweg zum **Knotenpunkt 60.**

Hier biegen wir rechts ab, mit der Beschilderung zum **Knotenpunkt 49.** Schnell taucht rechts das Fördergerüst von Zollverein 3/7/10 auf. Heute beherbergen die Gebäude das Mitmachmuseum **Phänomania Erfahrungsfeld ❷**. Physikalische Gesetze und tolle Experi-

Wolperding

mente können hautnah erlebt und ausprobiert werden, was besonders für Familien spannend ist.

Wir fahren auf dem bestens ausgebauten Bahntrassenradweg zunächst ordentlich bergab, später leicht bergauf. Kreuzungsfrei führt er bis nach **Essen-Kray.**

Bei Kilometer 4,2 folgen wir dem rot-weißen Pfeil scharf nach rechts. Wenig später erhaschen wir rechts vielleicht einen Blick auf das Gerüst der Zeche Bonifacius. Hier lohnt ein Abstecher zum **Wolperding** ❸, einem der schönsten Biergärten in Essen, berühmt für seine knusprigen Hühnchengerichte. Der Radweg folgt in diesem Bereich der ehemaligen Kray-Wanner-Bahn.

Bei Kilometer 7 zweigt rechts unser erster Abstecher ab. Wir befinden uns am Fuß der **Halde Rheinelbe** ❹ und wählen rechts den Schotterweg bergauf. Ohne E-Bike wird die Atmung kräftiger, mit Motor wächst die Verlockung, auf „Turbo" zu wechseln. Am Wegesrand stehen mit dem Skulpturenwald Exponate des Künstlers Herman Prigann. Nach einer Rechtskurve können wir an der Gabelung beide Wege wählen. Der rechte ist weiter und flacher, der linke führt direkter zur Haldenspitze.

Rheinelbe gehört zu den Halden, die im Inneren tatsächlich brennen. Durch den Druck der Aufschüttung haben sich Kohlereste im Abraum entzündet, Temperaturen von 400 Grad Celsius wurden gemessen.

Auf dem Haldenplateau erwartet uns die **Himmelstreppe** des bereits erwähnten Künstlers sowie ein atemberaubender 360-Grad-Rundblick. Bei guter Sicht blicken wir auf Zollverein, die Essener City, das Bergbaumuseum und die Halde Hoheward.

Wir können auf gleichem Weg wieder zurückradeln oder nach halber Umrundung einen weiteren Weg im Uhrzeigersinn bergab wählen. Am Olympiastützpunk in Wattenscheid vorbei umfahren wir die

Halde weiter und gelangen zurück zur Bahntrasse, die uns Richtung Gelsenkirchen–Röhlinghausen führt.

Wir passieren **Knotenpunkt 48,** queren die Bochumer Straße und wenig später die Ückendorfer Straße. Nach weiteren 1,9 Kilometern auf dem asphaltierten Bahntrassenweg gelangen wir zu **Holgers Erzbahnbude** ❺ direkt am **Knotenpunkt 46.** Sie ist einer der Kult-Radlerstopps im Ruhrgebiet. An sonnigen Wochenenden treffen sich hier Radler von nah und fern, zu späterer Stunde gibt's auch mal Livemusik, und passendes Werkzeug ist immer vorhanden.

Wir biegen nach links ab auf die **Erzbahntrasse.** Gleich zu Anfang wird eine lange Pfeilerbrücke überfahren. Leicht bergab kommen wir schnell voran. Hin und wieder zeigt sich rechts das Gerüst der Zeche Plu-

> *Ursprünglich als wichtiger Transportweg für Kohle und Eisenerze zwischen den Hochöfen des Bochumer Vereins und dem Rhein-Herne-Kanal angelegt, gehört die* **Erzbahntrasse** *mit den außergewöhnlichen Brückenbauten heute zu den beliebtesten Radwegen im Ruhrgebiet.*

Für die Seele

Mit jeder Pedalumdrehung schwindet bei uns die Vorstellung vom Ruhrgebiet als Industrieregion. Wir tauchen immer tiefer ein in ein Radlerparadies.

Halde Rheinelbe

to 2/3/7 und dahinter am Horizont die Halde Hoheward. Kleine Ein-Mann-Bunker erzählen die düstere Geschichte der Erzbahntrasse während des Zweiten Weltkriegs.

Halde Pluto

Kurz hinter **Knotenpunkt 45** lohnt sich ein weiterer (beschilderter) Abstecher zur **Halde Pluto 6**. Eine Aussichtsplattform ermöglicht den Panoramablick auf die Zechen Pluto sowie Unser Fritz und etwas weiter in Richtung Westen zur Zeche Consol.

Auf der Erzbahntrasse führt uns die Tour weiter unter der A 42 hindurch und über den Hüller Bach zur **ZOOM Erlebniswelt 7**. Wir fahren rechts gegen den Uhrzeigersinn um den Zoo herum und hören vermutlich mal Seelöwen brüllen. Schließlich gelangen wir zur **Grimberger Sichel 8**, einer beeindruckenden Brücke über den Rhein-Herne-Kanal, die lediglich an einem einzigen, 48 Meter hohen Stahlpylon hängt und 2010 mit dem European Steel Bridges Award ausgezeichnet wurde.

Grimberger Sichel

Am **Knotenpunkt 44** biegen wir direkt vor der Brücke links Richtung **Nordsternpark** ein und folgen dem südlichen Kanalufer. Wir queren auf einer sehr schönen neuen Brücke den **ehemaligen Hafen Graf Bismarck,** der heute als Stölting Marina mit mehreren Restaurants ein beliebtes Ausflugsziel ist.

Bei Kilometer 19,9 verlassen wir kurzzeitig das ausgeschilderte Knotenpunktnetz, folgen also nicht

dem rot-weißen Pfeil nach links oben, sondern bleiben direkt am südlichen Ufer des Kanals. Kurz hinter der Brücke der Kurt-Schumacher-Straße führt uns der Radweg für wenige Meter neben der **Uferstraße** entlang über die Brücke zum **Stadthafen von Gelsenkirchen.** Dann geht es auf einen Pfad am Kanal. An der Schleuse fahren wir kurz links, dann wieder rechts über einen kleinen Parkplatz und links auf den Weg direkt am Wasser. Auf der anderen Kanalseite sehen wir große Öltanks. An der Engstelle unter der Brücke der Grothusstraße achten wir besonders auf den Gegenverkehr. Dann kündigt sich mit einer markanten Bogenbrücke der Nordsternpark an. Wir fahren kurz davor am **Knotenpunkt 90** links die Rampe hoch und sehen links einen schönen Kinderspielplatz und rechts einen noch schöneren Wasserspielplatz – ein idealer Pausenort für Familien. Oben geht es rechts über die **Nordsternbrücke.** Gegenüber dem Amphitheater nehmen wir die zweite Möglichkeit rechts und folgen der Wegweisung Richtung **Pyramide.** Wir überfahren eine weitere, kleinere Bogenbrücke über die Emscher. Auf dem

Brücke über die Emscher

imposanten Turm der Zeche Nordstern sehen wir den Herkules des Künstlers Markus Lüpertz. Erneut fahren wir den zweiten Weg nach rechts, unter einer Stahlkonstruktion hindurch und dann links über eine lange Gitterrostbrücke. An einer Betonskulptur fahren wir links und gelangen über eine asphaltierte Rampe auf den Vorplatz der **Zeche Nordstern ❾** mit **Heiners Biergarten ❿** unmittelbar nebenan.

Nach ausgiebiger Pause geht es einen breiten Schotterweg weiter – aus der Richtung gesehen, aus der wir gekommen sind, links. Wir überfahren eine weitere, zweispurige Gitterrostbrücke, halten uns kurz halb links, fahren dann aber noch vor der Brücke über die Emscher rechts, an dem blauen Infopunkt der Emschergenossenschaft vorbei. Der Weg führt parallel zur Emscher, bis wir am rot-weißen Pfeilwegweiser zum Knotenpunkt 61 links Richtung **Schurenbachhalde** abbiegen. Wir überqueren die Emscher und den Rhein-Herne-Kanal und gelangen zum **Knotenpunkt 61.** Zunächst fahren wir rechts am Fuß der **Schurenbachhalde** **⑪** entlang. Nach wenigen Hundert Metern steht die nächste Bergwertung an: Links über Schotter geht es zunehmend steiler bergauf. Oben am Haldenplateau erwartet uns die **„Bramme für das Ruhrgebiet"** des amerikanischen Künstlers Richard Serra. Ein weiteres Mal genießen wir einen beeindruckenden 360-Grad-Blick auf das zentrale Ruhrgebiet, bevor wir über denselben Weg zurück zum **Knotenpunkt 61** fahren.

Nach rechts folgen wir dem **Nordsternweg,** einem erneut bestens ausgebauten Bahntrassenradweg Richtung **Zollverein** und Knotenpunkt 60. Es geht unter der Parkautobahn A 42 hindurch und kreuzungsfrei leicht aufwärts. Wir blicken auf die Kolonie Hege-

*1997 fand auf dem Gelände des **Nordsternparks** die Bundesgartenschau statt. Heute lohnt sich vor allem die Auffahrt auf die Besucherplattform in 83 Metern Höhe. Gemütlich ist bei schönem Wetter Heiners Biergarten direkt unterhalb des Fördergerüsts.*

Hafen Bismarck

Schurenbachhalde

Sommergarten des Casino Zollverein

mannshof, sehen links eine Moschee und passieren wenig später die einzige Brieftaubenklinik in Deutschland und vermutlich sogar weltweit. Wir durchfahren das Gelände des ZukunftsZentrums-Zollverein, eines Gewerbe- und Gründerzentrums in historischen Zechengebäuden, und folgen nach einer schmalen Brücke rechts weiter dem Nordsternweg. Auf den letzten Metern können wir schon mal hungrig werden: Am Weg liegen Kleingärten, in denen im Hochsommer gefühlt auf jeder Parzelle Grillspezialitäten vor sich hin brutzeln. Wir erreichen wieder den **Knotenpunkt 60** und fahren geradeaus auf bekanntem Weg zurück zum Ausgangspunkt der Tour.

Wer noch Lust hat, kann auf der Ringpromenade eine Runde über Zollverein drehen. Empfehlenswert sind ein Besuch des **Portals der Industriekultur,** eine Führung über den **Denkmalpfad Zollverein,** ein Besuch des **Ruhr Museums** und des **Red Dot Design Museums.** Kulinarisch locken der **Sommergarten** des **Casino Zollverein** 🄬 mit direktem Blick auf Schacht 12 und das Café **Die Kokerei** 🄭.

Alles auf einen Blick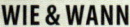

WIE & WANN:
Durchweg autofrei; weitestgehend auf Asphalt; ganzjährig fahrbar,
am schönsten zwischen Ostern und den Herbstferien

HIN & WEG:
Auto: Parkplatz auf dem UNESCO-Welterbe Zollverein, Gelsenkirchener Straße 181,
45309 Essen (GPS 51.484651, 7.043605)
ÖPNV: RB 32 oder 35 bis Essen Zollverein Nord; mit dem Rad über Schonnebeckhöfe
und Gelsenkirchener Straße bis Zollverein

ESSEN & ENTSPANNEN:
Wolperding ❸ Rotthauser Straße 34, 45309 Essen, Tel. (02 01) 5 57 95 99, www.wolperding-essen.de
Holgers Erzbahnbude ❺ Erzbahntrasse, 45886 Gelsenkirchen, Tel. (01 77) 8 99 74 44
Heiners Biergarten ❿ Am Bugapark 1d, 45899 Gelsenkirchen, Tel. (02 09) 1 77 22 22,
www.heiners.info

Entspannung ✸✸✸✸✸
Genuss ✸✸✸✸✸
Erlebnis ✸✸✸✸✸

Casino Zollverein Sommergarten ⓬ Gelsenkirchener Straße 181, 45309 Essen,
Tel. (02 01) 8 30 24-0, www.casino-zollverein.de
Die Kokerei ⓭ Kokereiallee 71, 45141 Essen, Tel. (02 01) 8 30 12 98, www.die-kokerei.de

ENTDECKEN & ERLEBEN:
UNESCO-Welterbe Zollverein ❶ Gelsenkirchener Straße 181, 45309 Essen,
Tel. (02 01) 24 68 10, www.zollverein.de
Auf dem Gelände befinden sich u. a.: Ruhr Museum, Tel. (02 01) 24 68 14 44, www.ruhrmuseum.de
Red Dot Design Museum, Tel. (02 01) 3 01 04 60, www.red-dot-design-museum.de
Phänomania Erfahrungsfeld ❷ Am Handwerkerpark 8–10, 45309 Essen-Katernberg,
Tel. (02 01) 30 10 30, www.phaenomania.de
Halde Rheinelbe mit Himmelstreppe ❹ 45886 Gelsenkirchen
Halde Pluto ❻ 44649 Herne   **ZOOM Erlebniswelt** ❼ Bleckstraße 64, 45889 Gelsenkirchen,
Tel. (02 09) 9 54 50, www.zoom-erlebniswelt.de   **Grimberger Sichel** ❽ 45889 Gelsenkirchen
Zeche Nordstern ❾ Nordsternstraße 1, 45899 Gelsenkirchen   **Schurenbachhalde** ⓫

Slinky Springs to Fame

* 40,2 Kilometer
* 290 Höhenmeter
* 4 Stunden
* Rundtour

Halden sind die Berge des Ruhrgebiets. Mit der Internationalen Bauausstellung IBA Emscherpark in den 1990er-Jahren wandelten sich einige der einstigen Abraum-Lagerstätten zu öffentlich zugänglichen, spannenden Landmarken, oft von Kunstwerken auf ihren Spitzen gekrönt. Die Halde Haniel in Bottrop ist die derzeit höchste davon.

Unsere Radtour startet am **Gasometer Oberhausen ❶.** Von dort fahren wir durch die Bahnunterführung und biegen links ein Richtung **CentrO.** Nach einer weiteren Unterführung geht es erneut links eine Rampe hoch zur Brücke über den Rhein-Herne-Kanal. Wir schauen noch einmal ehrfürchtig an dem jetzt links von uns aufragenden Stahlkoloss empor.

*Als eines der letzten Relikte der einst riesigen Gutehoffnungshütte steht der 117 Meter hohe **Gasometer** stolz vor dem CentrO Oberhausen. Er gilt als das „Dach des Ruhrgebiets" und mit spannenden Wechselausstellungen als höchste Ausstellungshalle Europas.*

Höhenrausch

Von Oberhausen zur Halde Haniel

Auf mehreren Brücken führt uns der Radweg über Emscher und A 42 hinein in den **OLGA-Park ❷.** Das Areal der einstigen Zeche Osterfeld wurde 1999 zum Landesgartenschau-Gelände. Nach einer Rechts-links-Kombination blicken wir rechts auf das Fördergerüst. An der T-Kreuzung am Ende des Wegs fahren wir rechts Richtung **Knotenpunkt 16** leicht aufwärts und überqueren die Vestische Straße.

Die **Jacobitrasse** wird uns nun sachte bergan zum Gelände der gleichnamigen ehemaligen Zeche führen. Nach einer Unterführung wird es steiler, dann folgen wir dem rot-weißen Pfeil geradeaus in einen kleinen Trampelpfad. Rechts sehen wir eine Backsteinwand und später Wald, links liegt ein Golfplatz.

OLGA-Park

Panoramablick von der Halde Haniel

Der Weg schlängelt sich abenteuerlich durch das Wäldchen. Wir fahren rechts über einen Parkplatz und folgen dann links der rot-weißen Beschilderung. Am Ende des Parkplatzes biegen wir links ab. Der Weg führt zwischen Boulebahn und Beachvolleyball-Feld hindurch. Nach kurzer Abfahrt stehen wir an einem Radwegweiser unter einer Brücke. Hier biegen wir scharf links Richtung **Grafenmühle** ab und befinden uns wieder auf der nun asphaltierten **Jacobitrasse,** der wir bis zu ihrem Ende folgen. Vor der Unterquerung der Autobahn A 2 sperrt eine Umlaufschranke die Zufahrt zur **Schachtanlage Franz Haniel ❸.** Der Weg führt rechts der Fahrstraße auf schmalem Pfad unter der Autobahn hindurch, hier müssen wir kurz unser Rad schieben.

*Für Jahrhunderte prägte der Bergbau die Region und wanderte von der Ruhr immer weiter nach Norden. Am 21. Dezember 2018 schloss mit dem **Bergwerk Prosper-Haniel** in Bottrop die letzte Steinkohlenzeche des Ruhrgebiets und beendete damit eine Ära.*

🌸 Für die Seele

Das Gipfelerlebnis nach beschwerlicher Bergfahrt gehört zu den intensivsten Glücksmomenten eines Radlers und lässt alle Mühen vergessen.

Der Weg führt leicht bergan, dann an einer Gabelung links weg vom Knotenpunktsystem Richtung **Halde Haniel.** Es folgt eine recht steile Rampe hoch zur Kreuzwegbrücke. Dahinter geht es kurz bergab, dann folgt der sportliche Teil der Tour. Gegenüber einem kleinen Parkplatz führt uns rechts nach einer Schranke der **Kreuzweg ❹** 159 Höhenmeter hoch zum Haldenplateau. Wer sich den Anstieg sparen möchte, kann dem Weg geradeaus folgen und die Halde umrunden.

Für die mühevolle Auffahrt über die Serpentinen werden wir in jeder Kurve mit einem neuen Motiv belohnt. Am Wegesrand erzählen Gerätschaften von der Geschichte des Bergbaus. Der Leidensweg Christi ist auf Kupfertafeln dargestellt.

*Am 2. Mai 1987 besuchte Papst Johannes Paul II. das Bergwerk Prosper-Haniel. Das damals vor dem Hauptschachtgebäude aufgestellte Kreuz wurde 1992 auf dem zu dieser Zeit höchsten Punkt der Halde Haniel platziert. Seit 1995 führt der **Kreuzweg** auf die Halde.*

Halde Haniel

Am ersten Exponat „Teufkübel" müssen wir einmal scharf rechts abzweigen, dann können wir dem Weg bis zu dem 1992 hier aufgestellten Kreuz einfach folgen.

Für das vollkommene Gipfelglück müssen wir uns dann immer noch ein paar Höhenmeter erstrampeln. Nach rechts fahren wir auf eine steile, von Erosion betroffene Bergflanke zu. Vor ihr halten wir uns links, an einer Gabelung dann rechts bergauf (den linken Weg werden wir bei der Abfahrt benutzen). Zur Linken bietet sich uns bereits ein beeindruckendes Panorama. Bei der nächsten Möglichkeit fahren wir steil rechts hoch. Die letzten Meter werden noch steiler, links erblicken wir das kleine Amphitheater auf dem Haldenplateau. Weiter geradeaus gelangen wir zum höchsten Punkt der **Halde Haniel** ❺ auf etwa 184 Metern über dem Meer. Bunt angemalte Eisenbahnschwellen wurden vom Künstler Agustín Ibarrola zur Installation „Totems" arrangiert – ein außergewöhnliches Fotomotiv. Am meisten aber überzeugt der weite Blick. Der Gasometer sticht sofort in die Augen, bei entsprechendem Wetter lassen sich auch die Bögen der Halde Hoheward, die Essener Innenstadt und der Düsseldorfer Fernsehturm ausmachen.

An so einem magischen Ort nehmen wir uns Zeit. Die Seele kommt zur Ruhe, die Gedanken schweifen so weit wie die Blicke. Dieses Fleckchen Erde erlaubt uns eine kleine Flucht aus dem Alltag. Man mag es kaum glauben, wie hoch man hier buchstäblich über den Dingen steht.

Aber irgendwann müssen wir weiter. Wir umrunden das Haldenplateau, das Ähnlichkeiten mit dem Kraterrand eines Vulkans hat, gegen den Uhrzeigersinn. Im Norden blicken wir auf üppige Waldflächen. Am Ende fahren wir zunächst auf bekanntem Weg rechts bergab und dann scharf links. Bei Kilometer 11,4 biegen wir scharf rechts ab und verlassen unseren Auffahrtsweg. Im Uhrzeigersinn geht es bergab um die Halde. Weniger geübte Radler sollten hier vorsichtig sein, denn der schottrige Untergrund weist Rillen und Bodenwellen auf.

Unten angekommen, schwenken wir nach links auf einen breiten Feldweg. Er trifft nach wenigen Metern auf einen Querweg, dem wir wiederum nach links folgen. Der asphaltierte Weg heißt **Am Gutshof.** An der Kreuzung mit dem Weg Im Ächterwald fahren wir geradeaus und erreichen nach einem kleinen Linksbogen und einer Schranke die Autostraße **Alter Postweg.** Hier fahren wir zunächst rechts auf den Radweg Richtung Knotenpunkt 17, biegen aber schnell erneut

Elkes Treff

Mühlenmuseum

rechts ein zum beliebten Ausflugsziel **Grafenmühle.** Dort gibt es mehrere Gastronomiebetriebe. Für Radler wohl am kultigsten ist **Elkes Treff ❻**, eine Art Büdchen mit Biergarten, an dem sich bei gutem Wetter die abgestellten Fahrräder nur so sammeln. Weitere Anziehungspunkte sind eine Minigolfanlage und ein kleiner Teich.

Vor einer Einbahnstraße biegen wir links ab und gelangen wieder zur Hauptstraße. Wir wechseln an der Ampelanlage auf die andere Straßenseite und fahren rechts weiter. Links im Wald kommt nach wenigen Metern der **Knotenpunkt 17.** Wir folgen der **Rotbachroute** Richtung Knotenpunkt 77 hinein in den Wald. Die Abzweigungen rechts und links ignorieren wir und bleiben auf dem Hauptweg. Er schenkt uns ein intensives Naturerlebnis. Zwar können wir den malerisch mäandrierenden Rotbach nicht wirklich sehen, dafür strömt frische Waldluft in unsere Lungen.

Nach einer Brücke über den Schwarzbach verlassen wir den Wald. Direkt hinter dem Smoke House biegen wir links in **Schlägerheide** ein und dann wieder rechts auf den Radweg entlang des Rotbachs.

Die nächsten Kilometer folgen wir dem Bach über einen gut ausgebauten, weiterhin als Rotbachroute ausgeschilderten Radweg. Hin und wieder queren wir Straßen, aber die Gegend bleibt ländlich. Schließlich taucht links der **Rotbachsee** auf. Mit der Ausschilderung der Rotbachroute halten wir uns am Ende des Sees geradeaus und gelangen zu einem Parkplatz. Nach einem kurzen Stück über die Straße **Am Freibad** sehen wir rechts die Mühle, die das **Mühlenmuseum Hiesfeld** ❼ beherbergt. Nicht nur ein tolles Fotomotiv, wer etwas Zeit mitbringt, sollte sich auch im Inneren umschauen. Das Restaurant **Haus Hiesfeld** ❽ auf der anderen Seite der Kirchstraße bietet sich für eine längere Pause an.

Über den **Berthold-Schön-Weg** folgen wir weiter dem Rotbach. Der Wegweiser zeigt zur **Rotbachmündung** und zum **Knotenpunkt 78.** Dieser ist schnell erreicht, wir radeln geradeaus und stoßen auf die **Oberhausener Straße,** die wir rechts bis zur nächsten Kreuzung begleiten. Dann biegen wir links in die **Sterkrader Straße** ein. Hier verlassen wir die Rotbachroute und fahren geradeaus ins Zentrum von Hiesfeld. Auf der **Hohlstraße** passieren

Windmühle Hiesfeld

wir die Kirche, dann erreichen wir weiter geradeaus über die **Sterkrader Straße** die **Windmühle Hiesfeld ⑨**.

An der Kreuzung mit der **Hügelstraße** fahren wir links bis zur Ampel. Dort geht es nach rechts auf den breiten Radweg neben der **Oberhausener Straße,** der wir über mehrere Straßen hinweg bis zum Ende folgen.

Wo die Vorfahrtstraße nach rechts abknickt, fahren wir links in die **Jägerstraße.** Gleich darauf ignorieren wir die erneut nach rechts abknickende Vorfahrtstraße und den rot-weißen Radwegweiser und bleiben geradeaus in der Jägerstraße. Auf diese Weise entkommen wir eine Zeit lang dem Straßenverkehr. An der folgenden kleinen Kreuzung biegen wir rechts in den Wald ein und radeln auf dem breiten Hauptweg an einem Holzpavillon vorbei. Nach einer Holzbank biegen wir rechts ein und folgen der Radwegemarkierung **R 21**. An der **Forststraße** geht es auf der anderen Straßenseite links auf den Radweg. In der nächsten Ortschaft fahren wir nach dem ersten Haus rechts, wiederum dem R 21 folgend, in die **Hühnerstraße.** Leicht bergab überqueren wir Bahngleise, gelangen zur großen **Emmericher Straße** und fahren links. Wir achten auf die rot-weiße Radwegbeschilderung und folgen rechts einem kleinen Weg zur **HOAG-Trasse,** in die wir links einbiegen.

Ab hier ist wieder Genussradeln auf einem bestens ausgebauten Bahntrassenradweg angesagt. Es geht unter der A 3 hindurch und wenig später über einen Bahnübergang. Nach einem kurzen Anstieg rollen wir abwärts zur **Zeche Sterkrade ⑩**, die in den 1990er-Jahren stillgelegt wurde. Dahinter fahren wir kurz links auf die **Von-Trotha-Straße,** dann rechts der

![Schlossgastronomie Kaisergarten]
Schlossgastronomie Kaisergarten

*Die **HOAG-Trasse** verband die Gutehoffnungshütte in Oberhausen mit der Zeche Sterkrade und dem Rheinhafen in Duisburg-Walsum. Typisch für den heutigen Radweg sind die 1,50 Meter großen Spielfiguren an den Brücken. 13 Rastplätze laden zu einer Pause ein.*

rot-weißen Radwegbeschilderung folgend wieder auf die eigentliche HOAG-Trasse. Vorbei am **Knotenpunkt 14** erreichen wir die kleine **Rosastraße.** Hier folgen wir der Ausschilderung zum **Gasometer Oberhausen** auf dem rechten Weg geradeaus. Nach einer lang gestreckten Rechtskurve durch den Wald geht es über die Emscher zum **Knotenpunkt 13.**

Wir fahren links auf den Damm entlang des Flusses. Unter der Autobahn A 42 fahren wir links über einen Parkplatz und erneut links zum **Stadion Niederrhein.** Hier biegen wir rechts ab und gelangen zum Rhein-Herne-Kanal. Zum Ende der Tour folgt ein letztes Highlight, die spiralförmige **Brücke Slinky Springs to Fame ⑪.** Auf der anderen Kanalseite lockt der Kaisergarten zu einem Besuch. Im Restaurant **Kaisergarten ⑫** könnte man die Tour genüsslich ausklingen lassen oder noch das **Tiergehege im Kaisergarten ⑬** aufsuchen. Die Hauptroute dagegen führt weiter am Wasser entlang. Unterhalb des Gasometers fahren wir am **Knotenpunkt 9** links die schmalen Serpentinen hoch und gelangen zur Brücke über den Kanal. Über den bereits bekannten Weg geht es zurück zum Ausgangspunkt.

Slinky Springs to Fame mit Gasometer Oberhausen

Alles auf einen Blick

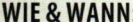

WIE & WANN:
Größtenteils autofrei, Mischung aus Asphalt- und unbefestigten Wegen;
am besten zwischen Ostern und Herbstferien bei trockenem Wetter

HIN & WEG:
Auto: Parkplatz vor dem Gasometer, gegenüber Arenastraße 3, 46047 Oberhausen
(GPS 51.492389, 6.870458)
ÖPNV: Diverse RE-, RB- und S-Bahn-Linien bis Oberhausen Hbf., mit dem Rad von
Knotenpunkt 12 über 10 zu 9; oder RE 44 bis Oberhausen-Osterfeld, mit dem Rad über
Knotenpunktsystem zum Knotenpunkt 9

ESSEN & ENTSPANNEN:
Elkes Treff ❻ Alter Postweg 126, 46244 Bottrop, Tel. (0 20 45) 8 37 21
Haus Hiesfeld ❽ Kirchstraße 125, 46539 Dinslaken, Tel. (0 20 64) 4 37 50 41, www.haushiesfeld.de

Entspannung ✸✸✸✸✸✸
Genuss ✸✸✸✸✸
Erlebnis ✸✸✸✸✸

Kaisergarten ⓬ Konrad-Adenauer-Allee 48, 46049 Oberhausen,
Tel. (02 08) 29 02 20, www.kaisergarten.de

ENTDECKEN & ERLEBEN:
Gasometer Oberhausen ❶ Arenastraße 11, 46047 Oberhausen,
Tel. (02 08) 8 50 37 30, www.gasometer.de
OLGA-Park ❷ Vestische Straße 45, 46117 Oberhausen
Schachtanlage Franz Haniel ❸   **Kreuzweg zur Halde Haniel ❹**
Halde Haniel ❺
Mühlenmuseum Hiesfeld ❼ Am Freibad 2, 46539 Dinslaken,
Tel. (0 20 64) 9 30 63, www.muehlenmuseum-dinslaken-hiesfeld.de
Windmühle Hiesfeld ❾ Sterkrader Straße, 46539 Dinslaken
Zeche Sterkrade ❿ Von-Trotha-Straße, 46149 Oberhausen
Brücke Slinky Springs to Fame ⓫ Konrad-Adenauer-Allee 46, 46049 Oberhausen
Tiergehege im Kaisergarten ⓭ Konrad-Adenauer-Allee 46, 46049 Oberhausen,
Tel. (02 08) 3 77 06 12, www.tiergehege-kaisergarten.de

Zeche Hugo

❋ 45 Kilometer
❋ 320 Höhenmeter
❋ 4,5 Sturden
❋ Rundtour

Auf unserer heutigen Tour macht das Panorama von der Halde Hoheward die Anstrengung des Aufstiegs vergessen, und die Kombination aus Bahntrassenradeln, Kanaluferwegen, Fachwerkromantik und Industriekultur gibt uns noch mehr Energie zurück.

Wir starten unterhalb der Hauptschachtanlage der **Zeche Ewald ①.** Hinter uns liegt das **Ewald Café,** das sich als Belohnung nach der Tour anbietet. Wir fahren mit Blick auf die Halde Hoheward, unser erstes Ziel, eine Rampe hinunter. Am **Knotenpunkt 43** halten wir uns links am Wasserlauf, bevor wir dem rot-weißen Pfeil nach rechts über die Albert-Einstein-Straße hinweg in die **Marie-Curie-Straße** folgen. Hinter einer Schranke geht es bergauf. Gleich bei der ersten Mög-

*Der **Landschaftspark Hoheward,** der auch die benachbarte Halde Hoppenbruch umfasst, gilt als größte Haldenlandschaft Europas. Die markanten Bögen des gewaltigen Horizontobservatoriums sind von den meisten Aussichtsplattformen im Ruhrgebiet gut zu sehen.*

Halde und Schloss
Von Hoheward nach Gelsenkirchen

Blick vom Balkon auf Zeche Ewald

lichkeit biegen wir scharf rechts auf die fast ebenerdige **Balkon-Promenade** ein. Sie wird uns gegen den Uhrzeigersinn um die Halde führen. Immer wieder liegen Balkone mit schönen Perspektiven am Wegesrand. Gleich zu Anfang blicken wir auf das Ensemble der drei Zechentürme von Ewald.

 Panoramatour 8

Halde Hoheward Obelisk

Wir sehen die Nachbarhalde Hoppenbruch mit Windrad, die Essener Innenstadt, die Arena auf Schalke und am Horizont den Tetraeder. Der Blick nach Süden ist mit Müllverbrennungsanlage und Heizkraftwerk nicht ganz so reizvoll.

Wir fahren über die **Promenadenbrücke.** Das Horizontobservatorium oben auf der Halde ist bereits sichtbar. Wir blicken auf Schacht 4 der Zeche Recklinghausen II und die außergewöhnliche Drachenbrücke, die als Bauskulptur an dieses Fabelwesen erinnert. Bei Kilometer 5,4 nehmen wir links den asphaltierten Weg Richtung **Obelisk/Sonnenuhr.** Es geht bergauf, und wir aktivieren den Turbomodus – entweder an unserem E-Bike oder den eigenen Waden. Der Hauptweg biegt scharf nach rechts oben ab, wir wählen geradeaus den schmaleren, gepflasterten Weg. An einer Asphaltstraße halten wir uns leicht links und können kurz durchatmen. Das schon bekannte Kraftwerk taucht hinter einem Hügel auf. Hier nehmen wir den gepflasterten Weg rechts hoch zur Sonnenuhr. Auf den letzten Metern können wir links bereits weit über Bochum hinweg auf die Ruhrhöhen schauen. Schließlich gelangen wir zum **Obelisken mit**

*Sternen- und Planeten-konstellationen spielen auf Hoheward eine besondere Rolle. Die Kombination aus **Obelisk** und in den Boden eingelassenen Markierungen ergibt eine Sonnenuhr. Am **Horizontobservatorium** lassen sich Jahreszeiten und Sonnen- oder Mondwenden beobachten.*

Von Hoheward nach Gelsenkirchen

Sonnenuhr ❷. In den Boden eingelassene Tafeln zeigen Infos zum Sonnenstand wie „Eintritt der Sonne in das Zeichen Wassermann am 20. Januar".

Auf der anderen Seite biegen wir rechts auf einen gepflasterten Weg, der uns in ein kleines Tälchen führt. Nach einer scharfen Linkskehre geht es weiter bergab, dann an einem kleinen Platz mit zwei Bänken und Infotafeln wieder scharf rechts hoch zum höchsten Plateau mit den gewaltigen Bögen des **Horizontobservatoriums ❸.** Leider musste das Bauwerk schon kurz nach Fertigstellung abgestützt und umzäunt werden. Kleine Risse in der Stahlkonstruktion sorgen für einen schier endlosen Gerichtsstreit. Leider lassen sich so aktuell nicht die Sternenkonstellationen beobachten, für die die Bögen eigentlich konstruiert wurden.

> Ein extra ausgeschilderter **Mountainbike-Trail** führt ebenfalls über die Halde. Auf 6,7 Kilometern Länge kann man auf einem Einbahnstraßenkurs von Wanderern getrennt den Haldenflow auskosten und vollführt einige Sprünge.

 ## Für die Seele

Die Weite des Horizonts lässt uns kleinliche Gedanken vergessen, und unsere Sorgen erscheinen uns plötzlich unbedeutend.

Halde Hoheward Horizontobservatorium

Zeche Schlägel & Eisen

Imbiss am Schacht

Wir fahren entgegen dem Uhrzeigersinn über das Plateau und können so noch schöne Ausblicke Richtung Norden auf die Zeche Schlägel & Eisen und die Halde Oberscholven genießen.

An einer asphaltierten Busspur fahren wir rechts bergab, dann bei der nächsten Möglichkeit scharf rechts. An der nächsten Gabelung geht es links bergab Richtung **Tunnelportal Nord.** Am dreieckig gepflasterten Platz waren wir bereits bei der Auffahrt, hier wählen wir den bereits bekannten Weg scharf links bergab. Wir queren die Balkon-Promenade und rollen über einen gepflasterten Weg weiter abwärts. Gleich bei der ersten Möglichkeit biegen wir scharf links ein auf den nun noch schmaleren Weg, der uns in spitzen Serpentinen bis ganz nach unten bringt. Wir schauen zur linken Seite in einen Tunnel, der durch die Halde Hoheward führt. Rechts schwenken wir auf einen Bahntrassenweg und gelangen zum **Knotenpunkt 42.** Wir befinden uns auf der **Allee des Wandels,** die uns bestens ausgebaut über 10 entspannte Radkilometer in einer großen Schleife bis nach Westerholt leiten wird.

Nach Querung der A 2 wird es zunehmend ländlicher. Nach einer langen Linkskurve radeln wir am **Knotenpunkt 72** links Richtung **Marl.** An Kreuzungen passen wir besonders auf, denn selbst querende Feldwege werden hier als Vorfahrtsstraßen deklariert. Wir passieren den **Knotenpunkt 71.** Es geht die ganze Zeit leicht bergauf, bis wir das Gelände der **Zeche Schlägel & Eisen** ❹ erreichen. Sie war bis ins Jahr 2000 aktiv und dient heute unter anderem als Veranstaltungsort. Vor den Zechengerüsten steht der **Imbiss am Schacht** ❺, der eine schmackhafte Currywurst serviert.

Ab hier verläuft die Allee des Wandels leicht bergab nach **Westerholt.** Wir kommen zügig voran, bis wir auf der linken Seite grüne Metallrohre sehen. Hier biegen wir links ein auf die **Langenbochumer Straße,** an deren Ende schließlich erneut links in die **Storcksmährstraße.** An einer Ampelkreuzung queren wir die Bahnhof-

*Das **Alte Dorf Westerholt** besticht durch seinen romantischen Ortskern mit wunderschönen Fachwerkhäusern. In mittelalterlichem Ambiente lassen wir uns in aller Ruhe durch die alten Gassen treiben.*

Dorf Westerholt

Panoramatour 8

straße. Über die **Schloßstraße** gelangen wir zu einer Kirche. Wir sind im **Alten Dorf Westerholt** ⑥.

Hinter der Kirche fahren wir links weiter auf der Schloßstraße, dann rechts in die **Martinistraße** und in einem kleinen Bogen an tollen Fachwerkhäusern vorbei zurück zur **Schloßstraße,** die uns in einem Torbogen mitten durch ein rotes Fachwerkhaus führt. Es geht rechts in die **Buerer Straße** und vorbei am **Schloss Westerholt,** wo wir im **Hotelrestaurant** ⑦ stilvoll einkehren können.

Die Buerer Straße ist bereits nach wenigen Metern autofrei, und wir können unbeschwert in die Pedale treten. Am Taubenteich vorbei passieren wir eine Golfanlage. Die Straße mit ihrer noch sichtbaren Mittelmarkierung sieht irgendwie vergessen aus. Am Ende biegt sie nach rechts ab und scheint dort vom Wald geradezu verschluckt zu werden. Unser Weg führt dagegen geradeaus bis zur Westerholter Straße und über eine Ampel. Ein kurzes Stück nutzen wir die wenig befahrene Allee **Bergackerstraße,** bevor wir rechts in den als Rad- und Fußweg gekennzeichneten **Vierhöfeweg** einbiegen. Wir gelangen in ein Neubaugebiet, halten uns am Beginn eines kleinen Wäldchens rechts und fahren einen Linksbogen. An einer Querstraße geht es rechts versetzt auf **Am Löchterheider Wald** weiter. Ein Bogen um das Neubaugebiet herum bringt uns in ein weiteres Wäldchen. An der nächsten Gabelung folgen wir leicht links dem Hauptweg und passieren einen Gärtnereibetrieb. Nach Queren der Ressestraße fahren wir kurz vor der Waldschenke Avino links. Wenige Meter weiter biegen wir an einer T-Kreuzung erneut links ab auf einen breiten Waldweg. Er leitet uns in einem langen Rechtsbogen an einem hübschen Teich vorbei. Dann biegen wir links ab, fahren über eine breite Holzbrücke und halten uns direkt dahinter rechts. Leicht bergauf gelangen wir zu einer Gabelung, fahren links und queren die Ortbeckstraße.

Ein Radweg führt uns mitten durch den Gelsenkirchener Hauptfriedhof. Am Ende biegen wir rechts

Schloss Westerholt

Schloss Berge

AUFRUHR

Haus Ber

Arbeitersiedlung Schüngelberg

Das Kleine Museum

ab auf die **Haunerfeldstraße.** Rechts beginnen Parkplätze, gleich darauf biegen wir scharf links ab in den **Haunerfeldpark.** Der Weg knickt vor einem Seniorenwohnheim nach rechts. Wir queren die Cranger Straße (B 226) an einer Ampelanlage und fahren nach einer Rechts-links-Kombination auf der **Pöppinghausstraße** abwärts. Durch Wegepoller hindurch gelangen wir in die schöne **Aschenbrockallee,** die uns durch einen Park bis zu den Parkplätzen von **Schloss Berge** ❽ bringt. Hungrige und Genießer freuen sich über die Schlossgastronomie.

Leider sind die Parkanlagen für Radler tabu. Daher geht es links auf einem Radweg neben der **Adenauerallee** weiter und vor der großen Kreuzung rechts entlang der **Emil-Zimmermann-Allee.** Nach der großen Kreuzung mit der Kurt-Schumacher-Straße fahren wir kurz links und können nach Querung der kleinen Straße Beckeradsdelle endlich leicht rechts in den Park abbiegen. Der Weg verläuft zunächst parallel zur Straße, an einer T-Kreuzung geht es rechts bergab und an einer weiteren T-Kreuzung vor einem Tennisplatz links. Hinter einem Verkehrsübungsplatz für Kinder orientieren wir uns rechts, fahren auf dem breiteren

Ursprünglich sollte im **Biomassepark Hugo** *nachhaltige Holzwirtschaft betrieben werden. Erfolgreicher war aber das Grünlabor, das von Schulklassen, Kitas und der Nachbarschaft als Gemeinschaftsgarten gepflegt wird und sich zu einer kleinen grünen Oase entwickelt hat.*

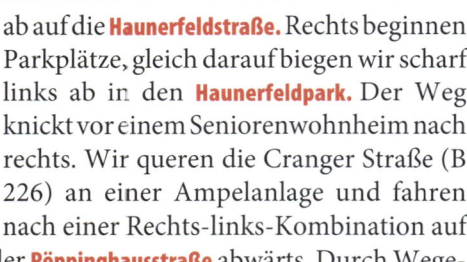

Hauptweg links und an einer kleinen Hütte vorbei, dann rechts, bis wir schließlich an der **Hugostraße** auskommen.

An der **Horster Straße** wählen wir die Fußgängerampel auf die andere Straßenseite und fahren dort in eine Gasse, die uns unter einer blauen Brücke hindurch und am **Knotenpunkt 64** vorbei in die schöne **Arbeitersiedlung Schüngelberg** bringt. Hier ist **Das Kleine Museum** ⑨ untergebracht, das liebevoll Erinnerungen an den Bergbau präsentiert.

Unsere Route führt nach wenigen Metern links in eine Einfahrt. Durch blau-weiße Wegepoller kommen wir rechts auf einen Radweg, der am Fuß der **Halde Rungenberg** ⑩ entlangläuft. Es geht an einem Fußball-Bolzplatz vorbei, dann taucht vor uns das Gerüst der **Zeche Hugo** ⑪ auf. Hier biegen wir links ab und gedenken mit einer Ehrenrunde um das Zechengerüst der Bergbauvergangenheit (scharf links wäre die Auffahrt auf die Halde Rungenberg, die aber für Trekkingräder weniger zu empfehlen ist). Nachdem wir auf unserer Runde zweimal rechts abgebogen sind, radeln wir an doppelstöckigen Containern vorbei, fahren rechts auf einen Schotterweg und dann

Zeche Hugo

Halde Rungenberg

Grünlabor im Biomassepark Hugo

links auf die hier beginnende **Hugotrasse.** Nach wenigen Metern lassen wir unser Rad kurz stehen und schlendern zu Fuß durch die fabelhaften Gärten im **Biomassepark Hugo ⑫.**

Die Hugotrasse wird uns bis an die Emscher bringen. Wir blicken noch einmal auf die Halde Rungenberg mit ihren großen Strahlern auf den Zwillingsspitzen, dann geht es am **Knotenpunkt 64** vorbei nach Süden. Am **Knotenpunkt 63** halten wir uns geradeaus Richtung **ZOOM Erlebniswelt.** Wir erreichen die Emscher und folgen unter grünen Metallrohren hindurch ein Stück dem Emscher-Weg, bis wir über die Brücke der **Adenauerallee** den Fluss und den Rhein-Herne-Kanal queren. Hinter der Brücke führt uns eine Rampe scharf rechts runter zum Kanal, dem wir nach rechts Richtung Knotenpunkt 44 folgen. Wir fahren ein kurzes Stück der Tour 6 (siehe Seite **72**) in entgegengesetzter Richtung. Schnell erreichen wir den alten **Hafen Graf Bismarck** und wenig später die außergewöhnliche Brücke **Grimberger Sichel ⑬,** über die wir die Kanalseite erneut wechseln.

Am Ende der Brücke führt der Weg kurz geradeaus am Kanal entlang, dann links eine Rampe hoch zur **Willy-Brandt-Allee,** die wir an einer Ampel queren. Richtung **Knotenpunkt 43** durchfahren wir ein Waldgebiet und queren nach einer Rampe bei Kilometer 38,8 erneut die Emscher. An der T-Kreuzung danach halten wir uns rechts, sofern die mehrjährige Baustelle hier nicht mehr existiert. Notfalls müssen wir ab hier der ausgeschilderten Baustellenumfahrung nach links folgen. Ansonsten führt uns der Weg an einem netten kleinen Teich vorbei über die Münsterstraße hinweg in den Emscherbruch. Bei Kilometer 41,7 fahren wir mitten im Wald rechts, dann nach Queren der Ewaldstraße auf einen Radweg, der uns über einen Damm am Ewaldsee vorbei zurück zur **Zeche Ewald** bringt. An der künstlichen Teichanlage halten wir uns links und folgen dem kleinen Wasserlauf zurück zu den Zechengerüsten. Nun haben wir uns ein himmlisch leckeres Stück Blaubeerkuchen im **Ewald Café** ⑭ redlich verdient!

Grimberger Sichel

Stölting Harbour

Café Ewald

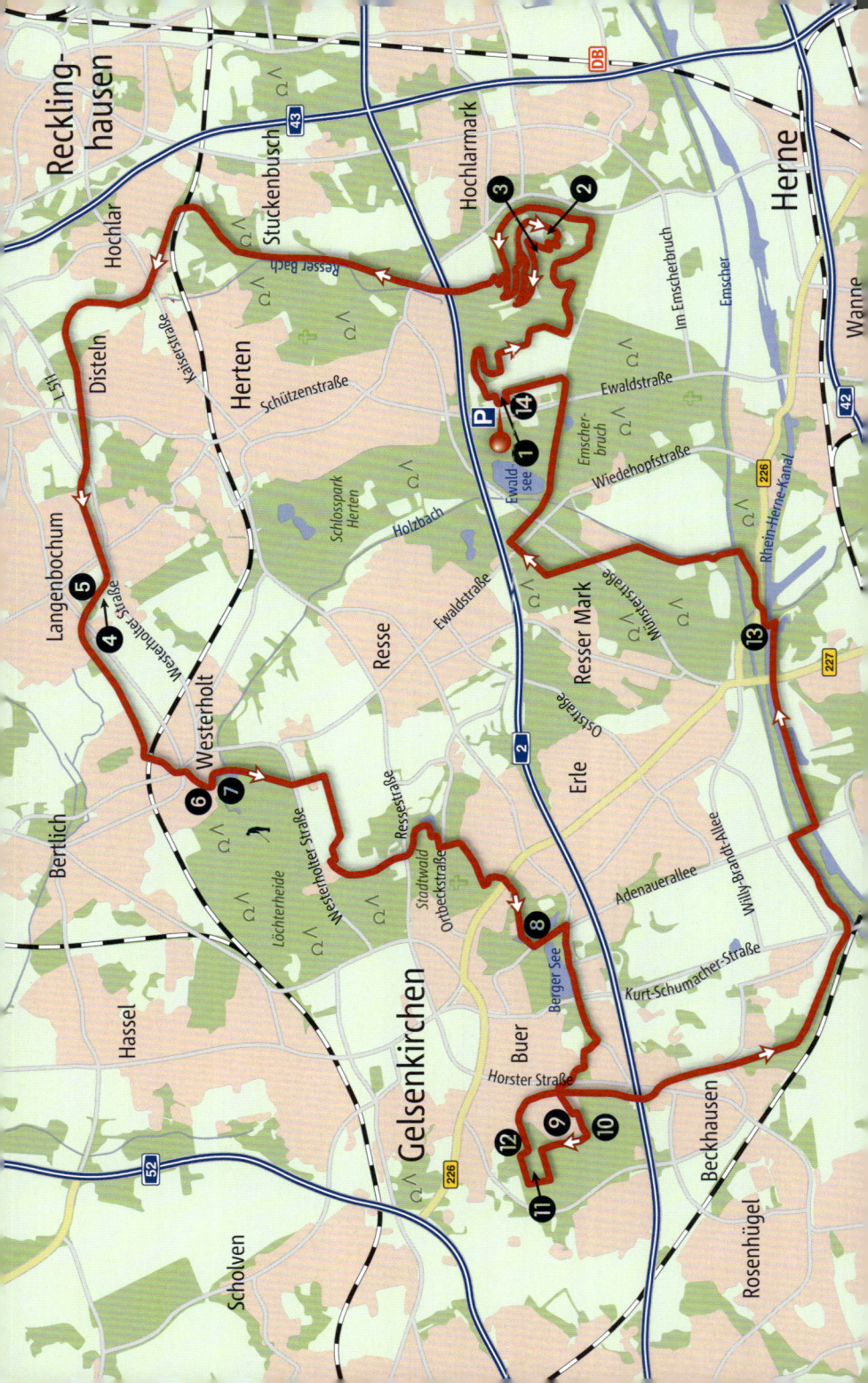

Alles auf einen Blick

WIE & WANN:
Größtenteils autofrei, viel Asphalt, aber auch unbefestigte Wege; am besten zwischen Ostern und Herbstferien bei trockenem Wetter

HIN & WEG:
Auto: Parkplatz Zeche Ewald, Werner-Heisenberg-Straße 3, 45699 Herten (GPS 51.571746, 7.145711)
ÖPNV: RE 42 oder S 2 bis Recklinghausen Süd; mit dem Rad über Knotenpunkte 41 und 42 (auch dort Einstieg in die Tour möglich) zu Knotenpunkt 43

ESSEN & ENTSPANNEN:
Imbiss am Schacht ❺ Szczytno-Platz 1a, 45699 Herten, Tel. (01 52) 29 76 66 22
Hotel Schloss Westerholt ❼ Schloßstraße 1, 45701 Herten-Westerholt,
Tel. (02 09) 14 89 40, www.schlosshotelwesterholt.de
Schloss Berge ❽ Adenauerallee 103, 45894 Gelsenkirchen, Tel. (02 09) 17 74-0 www.schloss-berge.de
Ewald Café ⓮ Doncaster Platz 2, 45699 Herten, Tel. (0 23 66) 50 28 44, www.ewald-cafe.de

Entspannung ✹✹✹✹✹
Genuss ✹✹✹✹✹
Erlebnis ✹✹✹✹✹

ENTDECKEN & ERLEBEN:
Zeche Ewald ❶ Werner-Heisenberg-Straße 3, 45699 Herten
Obelisk mit Sonnenuhr ❷
Horizontobservatorium ❸
Zeche Schlägel & Eisen ❹ Glückauf-Ring 35–37, 45699 Herten,
www.industriedenkmal-stiftung.de/denkmale/zeche-schlaegel-eisen
Altes Dorf Westerholt ❻
Das Kleine Museum ❾ Eschweiler Straße 47, 45897 Gelsenkirchen,
Tel. (02 09) 59 46 59, www.zeche-hugo.com
Halde Rungenberg ❿
Zeche Hugo ⓫ Brößweg 34, 45897 Gelsenkirchen, www.zeche-hugo.com
Biomassepark Hugo ⓬ Brößweg 40, 45897 Gelsenkirchen,
www.gruenlabor-biomassepark.de
Grimberger Sichel ⓭

Landschaftspark Duisburg-Nord

* 39,2 Kilometer
* 190 Höhenmeter
* 3,5 Stunden
* Rundtour

Diese Tour ist eine Hommage an den Ruhrpott. Sie zeigt seine schönen, aber auch seine weniger schönen Seiten, kultiviert den Mythos Industriekultur und bietet außergewöhnliche Blicke über das westliche Ruhrgebiet.

Wir starten am Haupteingang des **Landschaftsparks Duisburg-Nord** ❶ direkt am **Knotenpunkt 25.** Zum Warmradeln bietet sich vorab eine Runde durch den Park an. Das ehemalige Hochofenwerk ist ein Leckerbissen der Industriekultur.

Ansonsten starten wir in Richtung Knotenpunkt 13. Wir nutzen den **Grünen Pfad,** eine für Radler bestens ausgebaute Bahntrasse. Wir unterfahren die A 42 und

Der Landschaftspark Duisburg-Nord entfaltet seinen vollen Zauber am Abend. Liebespaare genießen den Sonnenuntergang am Hochofen 5. Die Illumination des Lichtkünstlers Jonathan Park taucht die Anlagen in ein mystisches Licht, Fackelführungen ziehen durch den Park.

Rheinpreußen-Runde
Industriekultur rund um Duisburg

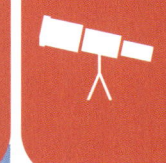

Landschaftspark Duisburg-Nord

Panoramatour 9

Die Emscher floss einst in Duisburg in den Rhein. Aufgrund von Bergsenkungen musste sie zweimal nach Norden verlegt werden. Im Landschaftspark sind Teile der Alten Emscher zu sehen, die Kleine Emscher verläuft durch Marxloh, die „neue" Emscher mündet nun bei Dinslaken.

queren die breite Duisburger Straße an einer Ampel. Nach 2,8 Kilometern, kurz vor der Haldenstraße, schon in Sichtweite der Lärmschutzwand an der A 3, taucht rechts eine Bank auf. Ein rot-weißer Wegweiser zeigt geradeaus, wir jedoch verlassen den Grünen Pfad nach links.

Wir überqueren die Haldenstraße und fahren gegenüber in eine als Rad- und Fußweg gekennzeichnete Allee. Es geht über die Straße Breite Erlen hinweg und an einer T-Kreuzung rechts in die **Otto-Hahn-Straße.** Unter Gleisen hindurch gelangen wir zur **Kleinen Emscher ❷.** Direkt nach der Brücke biegen wir links ein in den Radweg, der als Uferweg den Fluss begleitet.

Der nicht asphaltierte, aber gute Weg führt unter Strommasten entlang. Mehrmals queren wir kleinere und größere Straßen, bleiben aber am rechten Ufer der Kleinen Emscher. Am Wegesrand versorgen uns im August wilde Brombeeren mit lecker-süßen Energieschüben. An der **Warbruckstraße** queren wir über den Zebrastreifen und folgen links der Ausschilderung nach **Marxloh** über die Emscher. Direkt nach der Brücke biegen wir rechts in den Radweg ein, der nun links vom Fluss verläuft und nach **Dinslaken/Aldenrade** ausgeschildert ist. Wir radeln durch ein Wäldchen, während rechts die Kleine Emscher nun besser sichtbar ist. Ein Radwegweiser schickt uns geradeaus Richtung **Marxloh.** Unmittelbar vor der A 59 folgen wir an einer T-Kreuzung nach links dem rot-weißen Pfeil.

Wir befinden uns erneut auf einem Bahntrassenradweg, der

Die Kleine Emscher

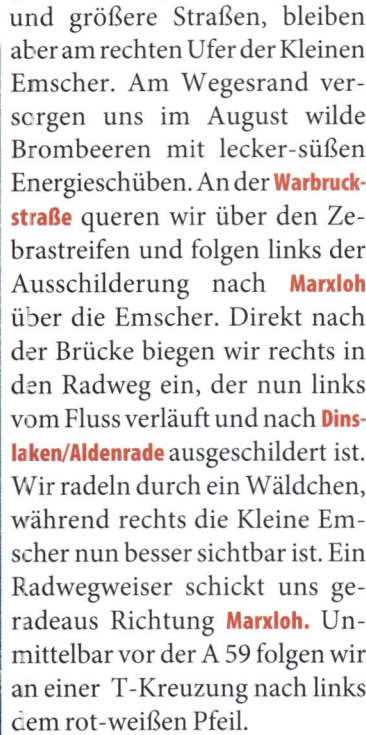

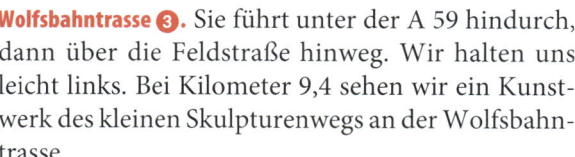

Wolfsbahntrasse ❸. Sie führt unter der A 59 hindurch, dann über die Feldstraße hinweg. Wir halten uns leicht links. Bei Kilometer 9,4 sehen wir ein Kunstwerk des kleinen Skulpturenwegs an der Wolfsbahntrasse.

Wir queren die Warbruckstraße und die Sandstraße. An der Weseler Straße können wir rechts eines der **Brautmodengeschäfte** sehen, für die Marxloh berühmt ist.

Am Ende der Wolfsbahntrasse gelangen wir zu einem Kinderspielplatz und halten uns rechts. Unser Blick fällt auf das gewaltige **ThyssenKrupp-Stahlwerk Schwelgern ❹.** Der Kontrast zwischen urbaner Wohngegend und riesigem Stahlwerk ist faszinierend und irritierend zugleich.

*Die **Brautmodenmeile** von Marxloh wurde in den letzten 20 Jahren vor allem durch türkischstämmige Geschäftsleute geschaffen und hat einen exzellenten Ruf. Von zurückhaltend-elegant bis pompös-kitschig ist die Auswahl für werdende Bräute schier grenzenlos.*

Für die Seele

Die riesigen Industrieanlagen und die gewaltigen Kräfte, die hier wirken, faszinieren. Und sie wecken in uns noch mehr Wertschätzung für die Ruhe der Natur.

An der **Wiesenstraße** halten wir uns links und umfahren das Stadion Schwelgern rechts auf dem **Willy-Brandt-Ring.** An der nächsten Ampelanlage kreuzen wir nach links auf den Radweg neben der **Alsumer Straße.** Jetzt geht es direkt durch Europas größten Stahlstandort. Es riecht nach Schwerindustrie, und es donnert und rumort um uns herum. Auf der Brücke bei Kilometer 12 halten wir kurz an, um die vielen Eindrücke auf uns wirken zu lassen. Dieser Ort ist keine touristische Sehenswürdigkeit, sicherlich auch nicht wirklich schön, aber wir sind von ihm durch und durch fasziniert. Rechts sehen wir die Kokerei, hinter uns einen Hochofen, links Walzwerke, außerdem einen Gasometer. Und im Gegensatz zu anderen industriekultu-

Radweg an der Kleinen Emscher

rellen Sehenswürdigkeiten im Ruhrgebiet ist das alles noch in Betrieb.

Nach der Brücke fahren wir rechts in den **Alsumer Steig** und unter riesigen Stahlröhren hindurch. Über den ersten Weg links an einem kleinen Parkplatz vorbei gelangen wir hinauf zum **Rheindamm.** Am Horizont erblicken wir bereits unser Tagesziel, die Halde Rheinpreußen mit der roten Grubenlampe. Wir fahren ein paar Hundert Meter an Bäumen entlang und schauen auf den Rhein. Am **Knotenpunkt 22** lohnt es sich, die Räder abzustellen und zu Fuß auf den **Alsumer Berg** ❺ zu wandern. Hier lag einst das Schiffer- und Fischerdorf Alsum, das jedoch durch Krieg und Bergsenkung zerstört wurde. Das Gelände wurde als Schuttdeponie genutzt und später zur begrünten Halde geformt. Von den Aussichtsplattformen aus zeigt sich Duisburg in immer wieder neuen Perspektiven. Einmal blicken wir in den romantischen Niederrhein, dann wieder auf die Walzwerke oder die wuchtige Ko-

Die Wolfsbahntrasse

ThyssenKrupp-Stahlwerk

kerei. So erleben wir den Stahlstandort außergewöhnlich intensiv.

Dann geht es über den Radweg am Rheindamm flussaufwärts. Der spannende Kontrast zwischen Walzwerk und Rheinauen, zwischen Großindustrie und Naturidyll, begleitet uns, bis wir zur Autobahnbrücke der A 42 über den Rhein gelangen. Am **Knotenpunkt 36** führt links eine Rampe hoch zur Brücke. Wir fahren direkt neben der Autobahn über den gewaltigen Strom. Vor uns thront die majestätische Grubenlampe auf der Halde.

Panoramablick Alsumer Berg

Auf der anderen Flussseite geht es in einer großen Schleife wieder weg von der Autobahn und unter ihr hindurch. An der Ampel dahinter halten wir uns zunächst links Richtung Knotenpunkt 23. Doch dann queren wir die Rheindeichstraße nach rechts über eine Ampelanlage und nutzen den Radweg neben dem Autobahnzubringer. Er führt uns von der Straße weg und über ein Bahngleis. Hier wird später unser Weg nach links weitergehen, aber wir wollen erst die Halde Rheinpreußen besuchen. Daher bleiben wir auf einem kleinen Weg geradeaus.

Über die Grafschafter Straße queren wir zu dem Radweg neben der **Voßbuschstraße.** Nur knappe 200 Meter links liegt das **Restaurant Renzis ⑥** mit leckerer regionaler Küche und Biergarten. Nach einem Linksbogen haben wir einen wunderbaren Blick auf die Halde vor uns. Am **Knotenpunkt 17** fahren wir links durch ein leider nicht ganz so schönes Industriegebiet um sie herum, bis wir kurz vor einem großen Kreisverkehr scharf rechts die Haldenauffahrt erreichen. Zunächst asphaltiert, ab den rot-weißen Wegepollern dann auf feinem Schotter führt uns der Weg gegen den Uhrzeigersinn nach oben, bis wir vor dem **Geleucht 7** stehen. Es öffnet sich ein toller Panoramablick über den Rhein, auf ThyssenKrupp und Duisburg.

Auf bekanntem Weg rollen wir wieder vorsichtig bergab und zurück zu dem oben genannten Gleis. Unmittelbar davor halten wir uns nun rechts. Der sehr schmale Weg führt uns zur weithin sichtbaren Landmarke **Schacht Gerdt 8.** Der Zechenturm gehörte zur Zeche Rheinpreußen und wurde von Fritz Schupp geplant, dem Architekten von Zollverein Schacht 12. Über die Zufahrt gelangen wir zur **Kohlenstraße.** Wir folgen ihr nach rechts über die Gleise hinweg und schwenken direkt dahinter links auf den Radweg parallel zur Bahn.

Am **Uettelsheimer See 9** lässt es sich an heißen Sommertagen bestens entspannen. Wer ohne Stopp vorbeifährt, hält sich eher links oben auf dem Hauptweg.

Das Geleucht auf der Halde Rheinpreußen gilt als größtes Montankunstwerk der Welt. Die gigantische Nachbildung einer Grubenlampe blickt seit 2007 über das westliche Ruhrgebiet. Abends zur Dämmerung erstrahlt sie in sattem Rot – ein spektakuläres Fotomotiv.

Das Geleucht

Siedlung Johannenhof

Hinter dem See geht es am Friedhof vorbei. Wir gelangen zu einer kleinen Straße und nehmen den autofreien Weg, der unter schönen Bäumen links von **Schwarzer Weg** und später **Husemannstraße** verläuft und dabei die Friedhofsallee und Kirchstraße quert. Zur Linken blicken wir auf die schöne **Siedlung Johannenhof ⑩**. Nach Queren der Lauerstraße und der Moerser Straße fahren wir auf der **Südstraße** direkt durch die **Arbeitersiedlung Rheinpreußen ⑪** mit schönen Zechenhäusern. Am Ende der Straße geht es durch rot-weiße Wegepoller hindurch an Kleingärten vorbei. An der darauffolgenden Gabelung fahren wir scharf links zu einem Parkplatz. Erneut links radeln wir zwischen großen Steinen hindurch an einem See vorbei. Links zeigt uns eine Backsteinwand die alte Grundstücksgrenze der Zeche Rheinpreußen. Während uns der Radweg um das Gelände herumleitet, sehen wir links den gemauerten Malakow-Förderturm (siehe auch Tour 10, Seite **124**) mit roten Backsteinen.

An einem großen Wasserturm kommen wir zur kleinen **Petersstraße.** Wir fahren rechts auf die **Duisburger Straße,** folgen dann direkt nach dem Bahnübergang scharf links einem Radweg mit der Ausschilderung **Leinpfad.** Durch eine leider viel zu schmale Umlaufschranke an den Gleisen gelangen wir in ein kleines Wäldchen und stehen plötzlich wieder am Rhein.

Wir nehmen rechts die Rampe hinunter zum Leinpfad, um dann scharf links flussabwärts zu radeln. Der Weg ist eher rustikal. Auf dem gegenüberliegenden Ufer sehen wir die leuchtende **Rheinorange.** Sie markiert die Mündung der Ruhr.

Am Hotel Rheingarten biegen wir scharf links ab auf eine Rampe, die über einen kleinen Parkplatz weg vom Leinpfad führt. Oben an der Straße fahren wir wieder rechts und somit weiter flussabwärts. Die Straße verläuft bergan, dann taucht rechts der schöne **Biergarten Hafensturm** ⑫ oberhalb des Rheins auf, der sich für eine Pause geradezu aufdrängt.

Der Weg führt weiter über eine Hafeneinfahrt, dann auf der **Friedrich-Ebert-Brücke** rechts über den Rhein. Dort bietet sich noch mal ein toller Blick zur Linken auf ThyssenKrupp und zur Rechten auf die Ruhrmündung mit der Rheinorange und der Mercatorinsel.

Biergarten Hafensturm

Containerhafen

Graffiti-Unterführung

*Der **Duisburger Hafen** gilt als größter Binnenhafen Europas oder – je nach Definition – sogar der Welt. Er ist Umschlagplatz für Waren, die über den Rhein ankommen und ins Binnenland weitertransportiert werden. 36.000 Arbeitsplätze machen ihn zu einem wichtigen Arbeitgeber.*

Wir erreichen den **Stadtteil Ruhrort ⑬,** der vor allem durch die Schimanski-Krimis berühmt-berüchtigt wurde. Hinter den markanten Brückentürmen fahren wir rechts, kurzzeitig über schroffes Kopfsteinpflaster, dann über einen innerstädtischen Radweg. Es geht geradeaus am **Knotenpunkt 39** vorbei, später blicken wir rechts in die Horst-Schimanski-Gasse und passieren die **Schifferbörse** und das **Museumsschiff Oscar Huber.** Wir fahren weiter am Hafen entlang, sehen einen ehemaligen Seenotrettungskreuzer und gelangen zur **Ruhrorter Straße,** der wir nach links folgen. Vorher lohnt sich aber noch ein Blick in den großen **Containerhafen ⑭.**

Auf einem innerstädtischen Radweg geht es in einem langen Rechtsbogen neben der Ruhrorter Straße entlang. Auf der rechten Seite sehen wir die Kunstinstallation **„Blaue Grotte"** von Heide Weidele am alten Werfthafen. Im folgenden Kreisverkehr biegen wir rechts in die Straße **Am Nordhafen** mit einem soliden

Radweg. Bei Kilometer 35,7 wird es endlich wieder entspannt. Wir fahren gegenüber der Bürgermeister-Pütz-Straße links ein in den **Grünen Pfad,** der uns als Bahntrassenradweg zurück zum Hochofenwerk in Meiderich bringen wird. An einer T-Kreuzung fahren wir links in eine **Unterführung mit schönen Graffiti,** danach scharf rechts auf eine Wohnstraße mit kleinem Radweg. Beim Wendehammer geht es weiter geradeaus auf dem Radweg unterhalb der Autobahn bis zu einer Kreuzung. Nach Querung der Gartsträucherstraße an einer Ampel kommen wir rechts versetzt wieder auf den Grünen Pfad. Die letzten Meter rollen wir ganz entspannt aus, bis wir wieder den **Knotenpunkt 25** vor dem Landschaftspark Duisburg-Nord erreichen. Im **Restaurant Hauptschalthaus** ⑮ kann man den Tag mit einem ausgezeichneten Abendessen ausklingen lassen.

Haupt-schalthaus

Der Grüne Pfad

Alles auf einen Blick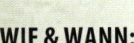

WIE & WANN:
Weitgehend autofrei mit wenig Stadtverkehr, abwechselnd Asphalt- und unbefestigte
Wege; am besten zwischen Ostern und Herbstferien bei trockenem Wetter

HIN & WEG:
Auto: Parkplatz Landschaftspark Duisburg-Nord, Emscherstraße 71, 47137 Duisburg
(GPS 51.481414, 6.784019)
ÖPNV: RB 36 bis Duisburg-Meiderich Süd; mit dem Rad Richtung Knotenpunkt 25
über Augustastraße und Laaker Straße bis zur Bronkhorststraße, dieser nach links
bis zum Ende folgen, rechts auf den Grünen Pfad fahren

ESSEN & ENTSPANNEN:
Restaurant Renzis ❻ Grafschafter Straße 197, 47199 Duisburg,
Tel. (0 28 41) 9 81 11 23, www.renzis.de

Entspannung ✹✹✹✹✹✹
Genuss ✹✹✹✹✹✹
Erlebnis ✹✹✹✹✹✹

Biergarten Hafensturm ⓬ Königstraße 92, 47198 Duisburg,
Tel. (0 15 78) 7 76 25 65, www.biergarten-hafensturm.de
Restaurant Hauptschalthaus ⓯ Emscherstraße 71, 47137 Duisburg,
Tel. (02 03) 41 79 91 80, www.hauptschalthaus.com

ENTDECKEN & ERLEBEN:
Landschaftspark Duisburg-Nord ❶ Emscherstraße 71, 47137 Duisburg, www.landschaftspark.de
Kleine Emscher ❷   **Wolfsbahntrasse** ❸   **ThyssenKrupp-Stahlwerk Schwelgern** ❹
Alsumer Berg ❺
Das Geleucht auf der Halde Rheinpreußen ❼ Gutenbergstraße, 47443 Moers, www.das-geleucht.de
Schacht Gerdt ❽ Kohlenstraße 10, 47199 Duisburg
Uettelsheimer See ❾
Siedlung Johannenhof ❿
Arbeitersiedlung Rheinpreußen ⓫
Stadtteil Ruhrort ⓭

Stollen Turteltaube

❋ 30,9 Kilometer
❋ 310 Höhenmeter
❋ 3 Stunden
❋ Rundtour

Dieser Rundkurs ist eine Entdeckertour zur Wiege des Steinkohlenbergbaus, die uns einige Höhenmeter abverlangt.

Die Radtour startet am Parkplatz Nachtigallstraße in Witten. Mit dem Parkplatz im Rücken fahren wir rechts an der **Muttenthalbahn** ❶ vorbei zum **LWL-Industriemuseum Zeche Nachtigall** ❷, dessen Eingang wir links nach dem Bahnübergang erreichen. Eine Besichtigung des originalen Bergbaustollens und vielleicht auch eine Fahrt mit der **Muttenthalbahn,** die an ausgewählten Tagen mit historischen Bergbauzügen zwischen

Muttental Zeche Teresia

Bergbau-Nostalgie
Kleinzechen im Muttental

Parkplatz und Zeche verkehrt, ist sicherlich die passende Einstimmung auf unsere Radtour.

Vom Eingang der Zeche folgen wir der Muttentalstraße links von den Gleisen. Nach einer lang gezogenen Linkskurve gelangen wir zur **Rückseite des Nachtigallstollens.** Blicken wir an der imposanten Felswand empor, können wir ein schwarzes **Kohleflöz** sehen.

An der Gabelung beim Bergmann mit der Grubenlampe fahren wir geradeaus. Schnell erreichen wir den **Stollen Turteltaube** und schließlich das **Bethaus der Bergleute** auf der linken Seite. Noch etwas weiter, wir haben gerade mal 2,5 Kilometer gemeistert, erreichen wir ein wahres Juwel für Bergbaufreunde auf der rechten Seite. Ein Verein hat hier das kostenlose Museum

*An der Ruhr traten die **Kohleflöze** direkt an die Oberfläche, daher war hier der Ursprung des Bergbaus. Nach Norden fielen die Kohleschichten in die Tiefe ab. So wanderte der Bergbau mit der Zeit weiter nach Norden, und die Bergleute mussten immer tiefer graben.*

*Immer wieder treten im Ruhrgebiet **Bergschäden und Tagebrüche** auf. Die industriellen Zechen der Neuzeit sind kartographiert und insofern unproblematisch. Anders die Stollen aus der Frühzeit des Bergbaus. Daher sollte man im Muttental die offiziellen Wege nicht verlassen.*

Bergbau Ausstellung AK Muttental ❸ auf einem kleinen Freigelände ins Leben gerufen. Es gibt uns wunderbare Einblicke in die Bergbaugeschichte.

Wir folgen der kleinen Straße und kommen an einer **Haspelanlage** vorbei. Hier endet der Asphalt, es geht auf einem Waldweg weiter.

Wenig später gelangen wir zur **Verladestation der Zeche Jupiter.** An der Gabelung mit den Wegweisern biegen wir rechts ab Richtung **Ruine Hardenstein** und **Göpel Zeche Maximus.** Scharf rechts könnten wir zu Fuß die **Stollenzeche Maximus** erreichen. Unsere Tour folgt aber dem breiten Hauptweg, der ab dem **Stollen Stettin** etwas steiler bergauf führt.

Alle paar Meter gibt es etwas Neues zu entdecken. Es geht vorbei am **Flözaufschluss,** der die harte Arbeit der Kumpel unter Tage veranschaulicht. Nach einem Linksbogen halten wir uns an der Gabelung links mit der Ausschilderung Richtung **Göpel, Ruine Hardenstein.** Der Weg macht einen Rechtsbogen und wir fahren am **Göpelschacht Moses** vorbei. Schließlich lichtet sich der Wald und wir sehen ein paar Häuser. Nach der letzten

Bethaus der Bergleute

Göpelschacht Moses

❀ Für die Seele

Beim Anblick alter Zechen erahnen wir ansatzweise, welche Leistung dem Kumpel abverlangt wurde, und schätzen es umso mehr, entspannt hier langradeln zu dürfen.

Infotafel zum **Göpelschacht Wilhelm** an der **Berghauser Straße** fahren wir links und kommen wenig später zur besser ausgebauten **Rauendahlstraße,** der wir halb rechts folgen.

An der ersten Kreuzung biegen wir rechts ab auf die **Vormholzer Straße.** Zunächst geht es bergab, dann biegen wir in einer engen Rechtskurve leicht links ab in die für Radler freigegebene Anliegerstraße **Kamperbach.** Nach rechts öffnet sich ein wunderbares Panorama über das Ruhrgebiet. Eine rote Bank lädt uns auf eine Pause mit Ausblick ein. Vor uns sehen wir die Skyline von Essen, auch die Ruhr-Universität Bochum ist gut erkennbar.

Wir rollen die Straße abwärts, nach einer Rechts-links-Kombination biegen wir noch vor dem steil abfallenden Weg rechts ein in die **Kattenjagd,** die uns an einer Steinmauer vorbeiführt. Nach einem leichten Gegenanstieg an einem Feld halten wir uns am Holzzaun links. Es geht leicht bergab, dann etwas steiler bergauf. Wir sehen links ein tolles Fachwerkhaus und biegen kurz danach links ein. An der nächsten Kreuzung fahren wir erneut links in die Straße **An der Wabeck.** In einem lang gezogenen Rechtsbogen geht es abwärts. Hinter der Gesamtschule fahren wir weiter geradeaus in eine Sackgasse, die aber für uns Radler freigegeben ist. In einer Links-rechts-Kombination geht es kurz steil bergab durch eine Umlaufschranke und am Friedhof vorbei. Wir sehen einige Fachwerkhäuser und die schöne Kirche vor uns, fahren aber bei Kilometer 8,5 links in die **Schulstraße,** die uns steil bergab führt. Unten im Tal angekommen, fahren wir links in die **Meesmannstraße** und direkt wieder links auf die nun leider stärker befahrene **Wittener Straße.** Es gibt immerhin einen gestrichelten Radweg. Nach 400 Metern bie-

Stauwehr Kemnader See

Haus Kemnade

gen wir bei einem Autohändler rechts in die **Zeche-Holland-Straße** ab. Von der gleichnamigen Zeche ist leider kaum noch etwas zu sehen, lediglich eine Kohlenlore erinnert an die Bergbaugeschichte des Ortes.

An der Linkskurve hinter den Bahngleisen fahren wir leicht rechts hoch, vorbei am Imbiss vor den Sportplätzen. Der Rad- und Fußweg führt an einem Tennisplatz vorbei. Wir nehmen den rechten, asphaltierten Weg bis zu einer T-Kreuzung. Hier geht es links leicht bergauf über die A 43 und den ersten Weg nach der Brücke erneut links. Wir radeln nun schön oberhalb des **Kemnader Sees** mit tollen Ausblicken auf das Wasser. Die Tour führt am südöstlichen Ufer bis zum Stauwehr. Nach links könnten wir für eine erste Einkehr einen Abstecher zum **Haus Kemnade** ❹ unternehmen. Unsere Route führt aber nach rechts über das Wehr. Direkt dahinter rollen wir links bergab in die Ruhrauen. Wir folgen dem ausgeschilderten **Ruhrtalradweg** flussabwärts. Links sehen wir den gepflasterten historischen Leinpfad. In dieser besonders schönen Ecke des Ruhrtals wäre es einfach schade, sich hier nicht mal kurz ans Wasser zu setzen und die Natur

Der Ruhrtalradweg führt über knapp 240 Kilometer von der Quelle bei Winterberg bis zur Mündung in Duisburg. Radler erleben den Spannungsbogen zwischen dem ländlichen Sauerland und dem urbanen Ruhrgebiet. Besonders im südlichen Ruhrgebiet begeistert die herrliche Natur.

mit Blick auf die gegenüber thronende Burg Blankenstein zu genießen.

An der Blankensteiner Schleuse biegen wir rechts ab und folgen dem Ruhrtalradweg auf der **Brockhauser Straße** über Felder nach Norden. An der folgenden T-Kreuzung fahren wir links auf den straßenparallelen Radweg und gelangen zum **Wirtshaus Stiepel.**

Es geht unter der großen Ruhrbrücke hinweg, dann leicht rechts hoch. Bei Kilometer 16,1 verlassen wir den Ruhrtalradweg und fahren geradeaus Richtung Malakowturm leicht bergan in den Wald am **Forellenhof Wilkendorf** vorbei.

Die **Blankenheimer Straße** macht einen Linksknick, bei Kilometer 17,0 biegen wir rechts in die Straße **Am Bliestollen** ein. Links liegt ein kleiner Teich mit netter Bank. Der schöne **Malakowturm** der **Zeche Brockhauser Tiefbau** und die **Kleinzeche Haunert** sind nicht mehr weit. Den Zechen gegenüber liegt das **Restaurant Waldhaus Bochum** ⑤ in einem netten Fachwerkhäuschen.

Ein **Malakowturm** ist eine massive, gemauerte Schachtanlage und ein Vorläufer der filigraneren Stahlfördergerüste. Der Name geht auf ein russisches Fort zurück und auch optisch erinnern diese Bauten stark an eine Festungsanlage.

Forellenhof

Malakowturm

Kleinzeche

Hinter den Zechen folgen wir rechts dem rot-weißen Pfeil bergauf in den Wald. Der Weg ist gut ausgebaut, an einer Y-Gabelung halten wir uns links. Lediglich in einer kleinen Links-rechts-Kombination wird es kurz steil. Dann gelangen wir ins Stadtgebiet von Bochum.

Hier biegen wir nach rechts in die **Markstraße** ein und müssen ein wenig Stadtverkehr ertragen. Aber es gibt einen breiten, mit einer durchgezogenen Linie vom Autoverkehr separierten Radfahrstreifen, sodass man auf den nächsten 2,4 Kilometern ordentlich vorwärtskommt. Es geht über die Königsallee hinweg, der Radweg läuft oben auf dem Bürgersteig weiter. Bei Kilometer 20,8 biegen wir links in eine kleine Einfahrt zur **Hausnummer 258a** ein. Hier erwartet uns der Malakowturm der **Zeche Julius-Philipp** ❻. Heute ist hier die medizinhistorische

Waldhaus

Historische Pferdebahn

Sammlung der Ruhr-Universität Bochum beheimatet. Infotafeln berichten über die Geschichte der Zeche.

100 Meter fahren wir auf dem gleichen Weg zurück, dann biegen wir links in den **Zedernweg** und am Ende an der T-Kreuzung rechts in den **Eichenweg** ein. In einer leichten Rechtskurve biegen wir scharf links über den abgesenkten Bordstein auf einen Weg ein, der uns leicht bergab weg vom Straßenverkehr in ein kleines Waldgebiet führt. Die Abfahrt ins Lottental ist mit rot-weißen Radweghinweisen gut beschildert. Infotafeln am Wegesrand verraten uns, dass dieser Weg einst als **Pferdebahn** ❼ der Zeche Glücksburg diente.

Der Weg wird hinter dem Stoppschild geradeaus zur **Stiepeler Straße,** später zur Straße **Im Lottental.** Rechts liegt das **Restaurant Post´s Lottental** ❽, die Tour führt weiter bergab. Links über uns liegt die Ruhr-Universität Bochum, von der wir aber nicht wirklich etwas sehen. Für Gartenliebhaber ist ein Abstecher zu Fuß durch den **Botanischen Garten** ❾ der Universität besonders reizvoll, der links an der gleichnamigen Bushaltestelle startet. An der **Zeche Klosterbusch** verläuft die Straße in einer Rechts-links-Kombination. Nur wenige Gebäude sind erhalten geblieben, aber auch hier erzählt eine Infotafel aus der Zechengeschichte. Der Weg verläuft nun abseits der Straße bis zu einem Parkplatz, an dem wir die Hevener Straße queren und gegenüber einem asiatischen Restaurant in einen Radweg fahren. Hier ist einiges los, denn wir nähern uns wieder dem **Kemnader See,** einem der großen Freizeit-Hotspots im südlichen Ruhrgebiet. Bei der ersten Möglichkeit biegen wir scharf links ein und folgen flussaufwärts dem **Ruhrtalradweg.** Wir umrun-

Pferdebahnen sind die Vorläufer der Zechenbahnen, die per Dampflok ihre schwere Fracht zum nächsten größeren Bahnhof bewegten. Die Kohle, die auf der Zeche Glücksburg gefördert wurde, gelangte per Pferdebahn abwärts bis zur Ruhr, wo sie verschifft wurde.

Post´s Lottental

Botanischer Garten

Freizeitbad Heveney

Restaurant Picasso im Ruhrblick

den den nordöstlichen Zipfel des Kemnader Sees im Uhrzeigersinn. Links sehen wir das **Freizeitbad Heveney.**

Wir folgen dem Ruhrtalradweg durch eine schöne Wiesenlandschaft, unterqueren die A 43 und halten uns am Golfplatz rechts in die Straße **In der Lake.** Die **Zeche Nachtigall** ist bereits ausgeschildert. In der Ortschaft liegt rechts das spanische **Restaurant Picasso im Ruhrblick ❿** mit einer kleinen Grillhütte, tollem Biergarten direkt an der Ruhr und leckeren Tapas. Wir fahren weiter geradeaus, bis es nicht mehr geht. Dann schwenken wir links und schnell wieder rechts in einen schmalen Radweg, der uns in einer Schleife zur Ruhr bringt. Rechts sehen wir eine kleine Wasserkaskade an der Ruhr. Wir passieren die Herbeder Schleuse und das **Königliche Schleusenwärterhaus ⓫** mit nettem Biergarten.

Die kleine Radlerfähre **Hardenstein** ⑫ bringt uns entspannt auf die andere Ruhrseite.

Sollte die Fähre nicht fahren, ist eine **Umfahrung** über den Ruhrtalradweg ausgeschildert. Über die **Herbeder Straße** führt diese zu einem Kreisverkehr, dort halten wir uns rechts und erneut rechts in einen kleinen Radweg, der auf der **Nachtigallbrücke** über die Ruhr führt. Links geht es über den bekannten Weg zurück zum Parkplatz.

Nehmen wir die Fähre, geht es noch vor der Unterquerung der Eisenbahnschienen nach links bis unmittelbar vor die Zeche Nachtigall und auf ebenfalls bekanntem Weg zum Ausgangspunkt.

Naturidylle an der Ruhr

Schleusenwärterhaus

Fähre Hardenstein

Alles auf einen Blick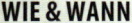

WIE & WANN:
Oft autofrei mit wenig Stadtverkehr; abwechselnd Asphalt- und unbefestigte Wege, kurzzeitig auch Waldboden; am besten zwischen Ostern und Herbstferien bei trockenem Wetter

HIN & WEG:
Auto: Parkplatz Nachtigallstraße, 58452 Witten (GPS 51.427237, 7.327982)
ÖPNV: Diverse RE- und RB-Linien oder S 5 bis Witten Hbf., mit dem Rad von Knotenpunkt 3 über die 2 und 1 zur 85

ESSEN & ENTSPANNEN:
Haus Kemnade 4 An der Kemnade 10, 45527 Hattingen, Tel. (0 23 24) 9 33 10, www.hauskemnade.de
Restaurant Waldhaus Bochum 5 Am Bliestollen 44, 44797 Bochum, Tel. (02 34) 47 53 52, www.waldhaus-bochum.de
Restaurant Post´s Lottental 8 Grimbergstraße 52, 44797 Bochum, Tel. (02 34) 9 73 51 12, www.posts-lottental.de

Entspannung ✴✴✴✴✴
Genuss ✴✴✴✴✴
Erlebnis ✴✴✴✴✴

Restaurant Picasso im Ruhrblick 10 In der Lake 19, 58456 Witten, Tel. (0 23 02) 1 79 78 72, www.picassoimruhrblick.de
Königliches Schleusenwärterhaus 11 Insel 1, 58456 Witten, Tel. (01 57) 32 63 02 82, www.wabembh.de

ENTDECKEN & ERLEBEN:
Muttenthalbahn 1 Nachtigallstraße, 58452 Witten, www.muttenthalbahn.org
LWL-Industriemuseum Zeche Nachtigall 2 Nachtigallstraße 35, 58452 Witten, Tel. (0 23 02) 9 36 64-10, www.lwl.org/industriemuseum/standorte/zeche-nachtigall
Bergbau Ausstellung AK Muttental 3 Muttentalstraße 32, 58452 Witten, www.muttental-zechenhaus-herberholz.de
Zeche Julius-Philipp 6
Pferdebahn im Lottental 7
Botanischer Garten 9 Universitätsstraße 150, 44801 Bochum, www.boga.ruhr-uni-bochum.de
Fähre Hardenstein 12 Tel. (0 23 02) 39 53 80, www.ruhrtalfaehre.de

Zollverein Knotenpunkt

* 34,1 Kilometer
* 200 Höhenmeter
* 3 Stunden
* Rundtour

Das Befahren von ehemaligen Bahntrassen gehört zu den schönsten Genussmomenten für uns Radfahrer. Kein Autoverkehr, moderate Steigungen und wenig Sorgen, dass man den richtigen Weg verpasst – wir können die Seele entspannt baumeln lassen. Diese Runde verknüpft Zollvereinweg, Kray-Wanner-Bahn, Veltenbahn, Grugatrasse und Rheinische Bahn.

Die Tour startet auf dem **UNESCO-Welterbe Zollverein ❶** (siehe auch Tour 6, S. 69) im Essener Norden. Die ersten 5 Radkilometer sind mit Tour 6 identisch.

Mit den großen Zechengebäuden im Rücken nach links fahren wir am Casino Zollverein vorbei. Wir stoßen auf Schienen und folgen ihnen nach rechts über eine Zufahrtsstraße hinweg zur Ampelanlage an der Gelsenkirchener Straße. Gegenüber startet ein Bahntrassenradweg, der auch als **Zollvereinweg** bekannt ist und dem wir über die Straße Schönnebeckhöfe hinweg zum **Knotenpunkt 60** folgen. Hier biegen wir rechts ab, mit der Beschilderung zum **Knotenpunkt 49.** Rechts taucht das Fördergerüst von Zollverein 3/7/10 auf. Heute beherbergen die Gebäude das Mitmachmuseum **Phänomania Erfahrungsfeld ❷**.

Kreuzungsfrei führt der Bahntrassenweg bis nach **Essen-Kray.**

Bei Kilometer 4,2 folgen wir dem rot-weißen Pfeil scharf nach rechts. Rund 800 Meter weiter zweigt unsere Route am Radwegweiser Richtung **Leithe/Kray-Mitte** rechts ab und wird uns über die ausgeschilderte **Bergroute** ins Ruhrtal bei Steele bringen.

*In kaum einer anderen Region Deutschlands gibt es so viele **Bahntrassenradwege** wie im Ruhrgebiet. Wo einst schwere Güterzüge zwischen den Industrieanlagen rollten, gelangen Radler heute von einem Industriedenkmal zum nächsten – mit tollen Einblicken in die grünen Gärten der Region.*

Bahntrassenrunde

Sorglos radeln rund um Essen

Phänomania Erfahrungsfeld

Wir halten uns leicht links auf dem geschotterten Hauptweg. Nach einem kurzen Anstieg fahren wir unter einer stillgelegten Bahntrasse durch, die zum Radweg RS 1 umgewandelt wird. Dann windet sich der Radweg zur **Grimbergstraße** hinauf. Auf ihr durchfahren wir rechts ein Wohngebiet, folgen aber bei Kilometer 5,7 der Ausschilderung der Bergroute nach links Richtung **Steele/Leithe-Mitte** in eine Kleingartensiedlung. Der **Volksgarten Kray ❸** beginnt direkt dahinter, wir folgen den rot-weißen Pfeilen und passieren zwei Weiher. Ein schöner, ruhiger Ort für eine erste kleine Pause am Wegesrand.

Nach Querung der Ottostraße führt unsere Tour durch eine rot-weiße Umlaufschranke leicht bergan bis zu einem Tunnel unter der A 40. Auf der anderen Seite geht es weiter durch den Volksgarten bergauf. An der T-Kreuzung direkt vor den Bahnschienen fahren wir links auf die **Lentorfstraße,** dann rechts über eine Brücke und gelangen in den Stadtteil Leithe. Wir folgen dem **Brüninghofer Weg** leicht links Richtung **Freisenbruch** bis zu seinem Ende. Dort geht es zwischen Pollern hindurch und dann sofort rechts in einen kleinen

*Die Stadt Essen hat in den letzten Jahren einige **spannende Radrouten** entwickelt – teilweise Themenwege wie die Biergartenroute oder die Kirchentour oder aber wichtige Nord-Süd-Verbindungen. Die Bergroute ist der östlichste dieser Radwege.*

Park. Immer wieder sehen wir außer der rot-weißen Beschilderung die rote Bodenmarkierung, die uns zeigt, dass wir auf der Bergroute unterwegs sind.

Wir gelangen zur **Lahnbeckestraße** und wenig später zur T-Kreuzung an der großen **Rodenseelstraße.** Dieser folgen wir nach links auf dem straßenbegleitenden Radweg an Feldern vorbei, dann ansteigend durch eine Wohnsiedlung. Nach einem Kilometer, kurz nach einem Warnzeichen „Spielende Kinder", biegen wir rechts in die Fahrradstraße **Im Haferfeld** ab. Bei der nächsten Möglichkeit schwenken wir links ein in die Straße **Zweibachegge** Richtung **Horst,** queren an einer Ampelanlage die breite Bochumer Landstraße und gelangen in die **Alleestraße.**

Volksgarten Kray

🌼 Für die Seele

Auf den einstigen Bahntrassen können wir den Kopf ausschalten und sorglos durch die Landschaft gleiten.

Nach wenigen Hundert Metern biegen wir kurz nach dem Ende der Spielstraße leicht rechts auf den Bahntrassenweg der **Veltenbahn** ❹ ein. Die nächsten 1,4 Kilometer folgen wir ihr entspannt bergab und blicken auf beiden Seiten in ein hübsches kleines Waldgebiet. Am Ende gelangen wir zu einer kleinen Straße. Schnell biegen wir links, der **Bergroute** Richtung **Steele-Ost** folgend, wieder auf die Bahntrasse ab. Zur Linken sehen wir noch Züge fahren und erreichen über einen Parkplatz den **Bahnhof Essen-Steele Ost.** Hier steigen diejenigen, die mit Bahn angereist sind, in die Tour ein.

An der folgenden Ampel biegen wir links auf den Radweg neben der **Bochumer Landstraße** ein. Nach 200 Metern, hinter der Unterführung unter der Bahnlinie, geht es links in einen kleinen Tunnel. Wir folgen der Radwegbeschilderung der **Bergroute** und gelangen zum **Pläßweidenweg.** Nach der Querung der Straße Ruhrau sind wir bald an der Ruhr und am Endpunkt

Veltenbahn

Zeche Deimelsberg

der Bergroute, der mit einer Infotafel gekennzeichnet ist. Wir folgen dem ebenfalls bestens ausgeschilderten **Ruhrtalradweg** flussabwärts. Zunächst überqueren wir die **Kurt-Schumacher-Brücke** an einer Ampelanlage und fahren dann fast geradeaus auf den Radweg am Ufer.

Der Radweg führt am Fluss entlang. Eine Infotafel an einer kleinen Kohlenlore klärt uns auf, dass hier einst die **Zeche Deimelsberg** ❺ lag und wir uns auf der ehemaligen Kohlenbahn Mülheim–Heißen–Rüttenscheid–Steele Süd befinden. Zwei typische Bahnbrücken im Fachwerkstil zeigen unverkennbar die Wurzeln unserer Trasse. Auf der rechten Seite liegt das Restaurant **Finca & Bar Celona Essen Steele** ❻ mit einer großen Terrasse und leckerer mediterraner Küche. Kurz dahinter würde am Knotenpunkt 51 links der Ruhrtalradweg abzweigen. Wir bleiben aber geradeaus auf der als typischer Bahntrassenradweg erkennbaren sogenannten **Grugatrasse.** Sie führt auf bestem Asphalt von hier über 4 Kilometer stetig bergan bis zur Messe Essen in Rüttenscheid. Wer nach links und rechts in die Wälder und Felder blickt, ist überrascht, wie länd-

Grugapark

Radmosphäre

lich diese zentrumsnahe Ecke doch ist. Hier liegt die Magie der Bahntrassenradwege: Sie verschaffen uns einen spannenden Perspektivwechsel.

An der Messe ist der höchste Punkt der Strecke erreicht, ab hier geht es bergab. Auf der linken Seite liegt der beliebte **Grugapark ❼**. Ein wunderbarer Ort, an dem Körper und Geist Ruhe finden.

Die Grugatrasse führt uns weiter Richtung Knotenpunkt 1. Bei Kilometer 20,3 bietet sich ein Abstecher zur **Margarethenhöhe ❽** an. Vor einem kleinen Brückenviadukt führt nach links eine steile, leider nur geschotterte Rampe hoch zur beliebten Gartenstadt. Im Restaurant des **Mintrops Stadt Hotel Margarethenhöhe ❾** lässt sich eine entspannte Kaffeepause verbringen.

Unsere Tour führt über die Grugatrasse weiter bergab. Der Frohnhauser Weg wird gequert, bevor die letzten Meter der Trasse zum **Knotenpunkt 1** führen. Hier trifft die Grugatrasse auf die **Rheinische Bahn** und

Der Grugapark, 1929 für die Große Ruhrländische Gartenbauausstellung gestaltet, wird von altem, wertvollem Baumbestand geprägt. Die Gäste schätzen auch die Blumenklassiker von Tulpen im Frühling über Rosen im Frühsommer bis zu den wunderschönen Dahlien im Spätsommer.

den **RS 1.** Wir fahren nach rechts Richtung **Essen-Zentrum.** Jetzt folgen wir einfach der Rheinischen Bahn an den **Knotenpunkten 56** und **81** vorbei. Nach einer kurzen Abfahrt führt die Tour auf einer kleinen Brücke über den künstlich angelegten Niederfeldsee. Hinter einer Wasserfontäne liegt die **Radmosphäre ⑩,** ein komplett auf die Wünsche von Radlern zugeschnittenes Café. Ein Halt ist eigentlich Pflicht, zumal es leckeren Flammkuchen und gutes Eis gibt.

Wenig später folgt der **Kruppsee ⑪.** Wir blicken links auf das Gerüst der Zeche Amalie und halb rechts auf die Zentrale des Thyssen-Krupp-Konzerns. Wer an der Familien- und Firmengeschichte interessiert ist, kann einen Abstecher zum **Stammhaus der Familie Krupp ⑫** machen. Das kleine, fast unscheinbare Fachwerkhäuschen liegt in der **Thyssen-Krupp Allee** nur einen Steinwurf vom mondänen Firmensitz entfernt.

Wir überqueren den Berthold-Beitz-Boulevard. Bei Kilometer 28, vor der kleinen Brücke über die Hans-Böckler-Straße,

*Die **Margarethenhöhe** ist eine typische Gartenstadt. Margarethe Krupp ließ diese Siedlung Anfang des 20. Jahrhunderts errichten – eine wunderbare Mischung aus einheitlicher und doch individueller Architektur: Vordefinierte Bauelemente wurden bei jedem Haus anders arrangiert.*

Stammhaus Krupp

Kruppsee

folgen wir der Ausschilderung Richtung **Altenessen** und biegen scharf links ab über eine kleine Rampe hinunter zur Straße. An einer Ampel geht es auf die gegenüberliegende Straßenseite, wo wir dem Radweg nach links zur Segerothstraße folgen. Wir queren sie und erreichen entlang der **Grillostraße** die Gladbecker Straße. Rechts liegt das Gelände der Universität Essen. Über zwei Ampeln fahren wir quasi auf der anderen Seite der großen Kreuzungsanlage in eine Kleingartenkolonie. Am blauen Schild **Uferweg** vorbei radeln wir oberhalb der Berne in nördliche Richtung, queren die Ellernstraße und die größere Altenessener Straße und gelangen zur **Lierfeldstraße.** Ihr folgen wir nach rechts. Es geht geradeaus über eine Ampel und dann nach wenigen Metern links in den **Helenendamm.** Der Bürgersteig ist hier für Radler freigegeben.

Kurz vor der Brücke über eine Bahnlinie zweigt rechts ein Radweg Richtung **Zollverein** ab. Am Ende des asphaltierten Radweges fahren wir kurz auf die **Rahmstraße,** dann links in den **Erlenkampsweg** und schnell

Kokerei Zollverein

UNESCO-Welterbe Zollverein

wieder links in den **Rahmbruchsweg.** Wir gelangen auf einen Rad- und Fußweg, der uns auf der anderen Seite des Weges Großwesterkamp als Schotterweg auf das Gelände des UNESCO-Welterbes Zollverein bringt.

Vor uns liegt die Kokerei Zollverein. An einer T-Kreuzung halten wir uns links.

Der Radweg führt in mehreren Schwüngen an der **Kokerei Zollverein** ⑬ vorbei. Das Café **Die Kokerei** ⑭ bietet sich für einen abschließenden kulinarischen Halt an. Ansonsten geht es über das frühere Bahngelände, das immer noch an den im Boden eingelassenen Schienen erkennbar ist, zum **Knotenpunkt 59.** Wir folgen weiter den Bahnschienen nach rechts zur **Hauptschachtanlage 12.** Dabei fahren wir durch die ehemalige Zechenanlage hindurch, sehen zwei alte Seilscheiben und unterqueren die imposante Rolltreppe in die Kohlenwäsche. Schließlich biegen wir links auf die **Ringpromenade** ein, die uns in Schwüngen zum Ausgangspunkt direkt vor dem Doppelbock von Zollverein führt.

Bei der Kokerei können Besucher vor einmaliger Kulisse je nach Jahreszeit schwimmen oder eislaufen. In den Sommerferien lockt ein kühles Bad in zwei zusammengeschweißten Überseecontainern, im Winter gleiten Besucher auf Schlittschuhen vor den Koksöfen entlang.

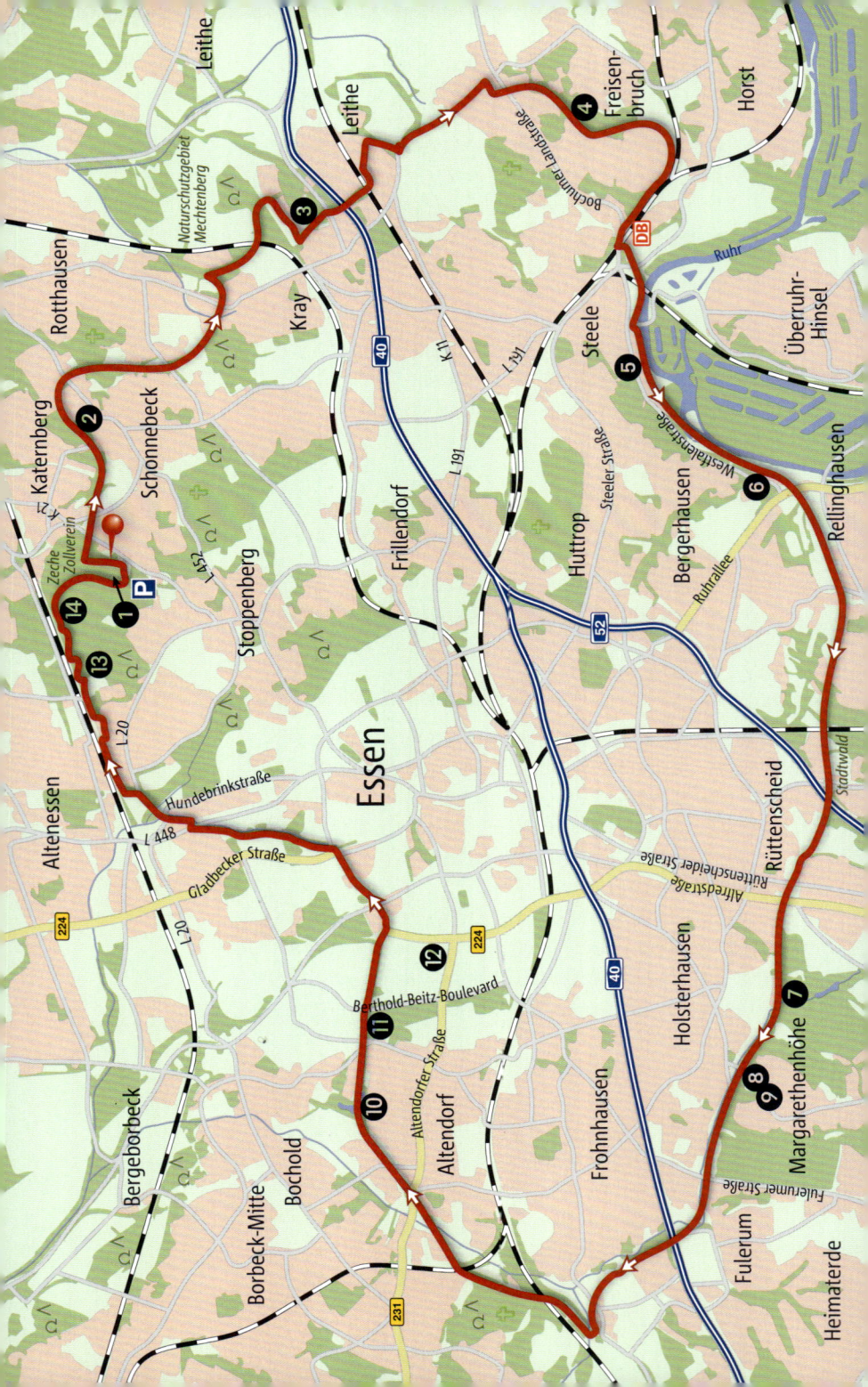

Alles auf einen Blick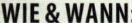

WIE & WANN:
Weitestgehend autofrei mit vereinzeltem Stadtverkehr; hauptsächlich Asphalt,
nur selten unbefestigte Wege; ganzjährig möglich, aber zwischen Ostern und
Herbstferien am schönsten

HIN & WEG:
Auto: Parkplatz auf dem UNESCO-Welterbe Zollverein,
Gelsenkirchener Straße 181, 45309 Essen (GPS 51.484651, 7.043605)
ÖPNV: S 3 bis Essen-Steele Ost; dort Einstieg in die Tour

ESSEN & ENTSPANNEN:
Finca & Bar Celona Essen Steele ❻ Westfalenstraße 4, 45136 Essen, Tel. (02 01) 59 27 67 37,
www.celona.de/mein-celona/details/finca-bar-celona-essen-steele
Mintrops Stadt Hotel Margarethenhöhe ❾ Steile Straße 46, 45149 Essen,
Tel. (02 01) 43 86 0, www.mintrops-stadthotel.de
Radmosphäre ❿ Uferpromenade 1, 45143 Essen, Tel. (02 01) 75 98 34 53
Die Kokerei ⓮ Kokereiallee 71, 45141 Essen, Tel. (02 01) 8 30 12 98, www.die-kokerei.de

ENTDECKEN & ERLEBEN:
UNESCO-Welterbe Zollverein ❶ Gelsenkirchener Straße 181,
45309 Essen, Tel. (02 01) 24 68 10, www.zollverein.de
Phänomania Erfahrungsfeld ❷ Am Handwerkerpark 8–10,
45309 Essen-Katernberg, Tel. (02 01) 30 10 30, www.phaenomania.de
Volksgarten Kray ❸   **Veltenbahn** ❹
Zeche Deimelsberg ❺
Grugapark Essen ❼ Virchowstraße 167 a, 45147 Essen,
Tel. (02 01) 8 88 31 06, www.grugapark.de
Margarethenhöhe Essen ❽   **Kruppsee** ⓫
Stammhaus der Familie Krupp ⓬   **Kokerei Zollverein** ⓭

Entspannung ✴✴✴✴✴
Genuss ✴✴✴✴✴
Erlebnis ✴✴✴✴✴

Blick vom Deusenberg

* 28,5 Kilometer
* 190 Höhenmeter
* 3 Stunden
* Rundtour

Die Identität Dortmunds, der größten Stadt im Ruhrgebiet, gründet sich auf Fußball, Stahl und Bier. Diese Rundtour verbindet die drei Themen zu einer klassischen City-Tour.

Wir starten am Hauptbahnhof im Zentrum der Stadt. **Vom Knotenpunkt 61** geht es mit dem Bahnhofsgebäude im Rücken nach rechts. Im **Deutschen Fußballmuseum** ❶ kann der Besucher in die Geschichte des runden Leders und in die Emotionen dieser Sportart eintauchen – genau der richtige Einstieg für unsere Dortmunder Runde. Links am Wegesrand sehen wir ein **geflügeltes Nashorn,** dann erreichen wir das **Dortmunder U** ❷. Das Wahrzeichen der Stadt Dortmund war einst ein Brauereigebäude der Union-Brauerei. Seit der Kulturhauptstadt RUHR.2010 beherbergt es ein spannendes Kulturzentrum. Fotogenes Highlight ist die Videoinstallation in der Kuppel des Gebäudes.

Am **Knotenpunkt 60** geht es direkt vor dem U nach Norden Richtung **Fredenbaum** unter der breiten Eisenbahnunterführung durch und immer weiter geradeaus. Einige Querstraßen werden gekreuzt, dann können wir im **Fredenbaumpark** ❸ erst mal tief durchatmen. Am kleinen Rondell nach wenigen Metern halten wir uns links Richtung **Huckarde/Deusen** beziehungsweise zum Knotenpunkt 53. Im Biergarten der Gaststätte **Schmiedingslust** ❹ lässt sich eine erste Pause einlegen.

Ansonsten folgen wir der rot-weißen Wegweisung, die einen großen Bogen im Uhrzeigersinn durch den Park macht.

*Das **geflügelte Nashorn** sieht man immer wieder im Stadtgebiet. Es ist das Wappentier der Philharmonie Dortmund. Seit 2006 steht es an vielen Stellen in der Stadt und ist immer wieder auf andere Weise bunt bemalt.*

Stadt des Bieres
Eine City-Tour durch Dortmund

*Der **Fredenbaumpark** ist ein wichtiges Naherholungsgebiet für die Dortmunder. Im Mai verwandelt er sich in ein lila leuchtendes Blumenmeer aus Rhododendren. Es gibt viele ruhige Ecken, um sich entspannt eine Auszeit von der Großstadt zu gönnen.*

Bei Kilometer 4,3 verlassen wir dem Radwegweiser folgend den Park nach links. Die Querung der Bahngleise an dieser Stelle ist leider recht eng gestaltet. An einem kleinen Parkplatz fahren wir rechts über die Straße An den Bootshäusern. Es geht leicht bergauf zur **Weidenstraße,** dann scharf links hoch zur Brücke über den Dortmund-Ems-Kanal. Es lohnt sich, dem Treiben auf und am Kanal zuzuschauen. Dicke Schiffe laufen langsam in die Hafenanlage ein, Ruderer ziehen übers Wasser – mit ein wenig Glück sehen wir den Deutschland-Achter trainieren –, Schwimmer springen an warmen Tagen (verbotenerweise) ins Wasser und ziehen ihre Bahnen.

Direkt hinter der Brücke biegen wir rechts ab auf die Rampe zum Kanal. Dort fahren wir aber nicht rechts ans Wasser, sondern halten uns links. Das Sträßchen **Alter Erlenweg** leitet uns über Felder. Wir queren die Deusener Straße, fahren auf der rechten Seite an einem alten Kriegerdenkmal vorbei und pas-

DFB-Museum

Dortmunder U

Fredenbaumpark

sieren ein blaues Schild des Emscher-Wegs. Der Radweg schlängelt sich durch Felder. An einer breiten Metallbramme geht es geradeaus und später an einer T-Kreuzung links zur Brücke über die Emscher. Der Fluss ist bereits renaturiert und das Wasser klar und sauber. Ein wichtiges Projekt, das aus der als „Köttelbecke" verrufenen Kloake wieder ein grünes Naturidyll gemacht hat.

Direkt nach der Brücke queren wir den Emscher-Weg. Vor uns führt eine Treppe auf den **Deusenberg** ❺, wir wählen links die zunächst gepflasterte, dann ge-

❀ Für die Seele

Das Fahrrad schenkt uns die Freiheit, mal eben raus aus der Großstadt zu flüchten und die Weite vom Deusenberg zu genießen.

Gastronomie Fredenbaumpark

schotterte Auffahrt. Wer sich den Anstieg ersparen möchte, kann über den Emscher-Weg flussaufwärts Richtung Dortmund abkürzen.

Die Halde ist nicht besonders hoch und wir erreichen schnell das Haldenplateau. Gegen den Uhrzeigersinn fahren wir an einer großen Solaranlage vorbei, bis wir ein passendes Plätzchen für eine Pause gefunden haben. Der Blick auf die Dortmunder City ist sensationell und sollte ausgiebig genossen werden.

Der Weg führt weiter um die Halde herum, macht mit Blick auf ein großes IKEA-Lager einen Linksbogen, dann orientieren wir uns an einem Abzweig nach halb rechts unten. Die Abfahrt über teils groben Schotter gehen wir mit Vorsicht an. Rechts sehen wir das Industriedenkmal **Kokerei Hansa** und das Gerüst der Zeche Hansa, die Ende 1980 stillgelegt wurde.

Wir erreichen wieder Asphalt und radeln links weiter um den Haldenfuß herum. Vor einem geschlossenen Tor auf der rechten Seite fahren wir geradeaus den Bordstein hoch und auf einem sehr schmalen Trampelpfad durch ein paar Büsche, bevor wir auf den gut ausgebauten und ausgeschilderten **Emscher-Weg** stoßen. Ihm folgen wir nach rechts. Auf der anderen Emscherseite sehen wir eines der Klärwerke, die für einen sauberen Fluss sorgen.

Kokerei Hansa

An der **Franz-Schlüter-Straße** fahren wir links und biegen wenig später rechts auf die **Franziusstraße** ein. Nachdem wir in Bögen unter Eisenbahngleisen durchgefahren sind, gelangen wir wieder zur Emscher und orientieren uns direkt nach der Brücke links. Es geht zwischen Emscher und Huckarder Straße entlang. Unterhalb einer großen Autobrücke sehen wir Holzstege in ein kleines Wäldchen führen. Dies ist ein Kunstprojekt der Emscherkunst, das aber heute nicht mehr so richtig spannend erscheint. Wir queren an einer Ampel die Straße, folgen weiter dem Emscher-Weg und sollten dann am Kunstobjekt **„Zur kleinen Weile" ❻** auf der linken Seite stehen bleiben.

Abseits des Straßenverkehrs kommen wir entspannt vorwärts, obwohl wir eigentlich mitten in der Großstadt sind. Am Bahnhof Dortmund-Dorstfeld führt der Radweg durch einen Tunnel. Es wird wieder grüner, weite Wiesen liegen am Wegesrand, und wir passieren eine hübsche Kleingartenkolonie. Der Blick fällt im Hochsommer auf Sonnenblumen, die in die Höhe ranken, aber auch viel Obst und Gemüse wächst und gedeiht neben der Emscher.

Am Ende der Gärten führt der Radweg eine Rampe hinauf und unter der A 40 durch, danach steigt er

*Das begehbare Kunstwerk **„Zur kleinen Weile"** wurde von dem Berliner Künstler- und Architekturbüro raumlabor geschaffen. Von außen sieht es unspektakulär aus, doch beim Betreten erstaunt das ausgeprägte Echo, das aus einfachem Klatschen ein gewaltiges Klangerlebnis zaubert.*

Bergmann Brauerei

weiter an. Man ist überrascht, wie hügelig Dortmund sein kann.

Oben halten wir uns links. Am Weg **An der Fillkuhle** biegen wir rechts ab und gelangen zu der großen **Emil-Figge-Straße.** Hier fahren wir links bergab. Der Straßenname wechselt zu **An der Palmweide.** An der nach links abknickenden Vorfahrtstraße liegt rechts die ansehnliche Margarethenkapelle.

Unsere Route folgt der Vorfahrtstraße und unterquert Eisenbahngleise. Es geht bergan, dann queren wir die vierspurige Straße Krückenweg. Wir bleiben auf dem ausgeschilderten **Emscher-Weg** und biegen direkt nach der Kreuzung links in einen kleinen Weg ein, der uns bergab in ein Naturschutzgebiet führt. Vor dem Tor zu einer weiteren Kleingartensiedlung radeln wir links in ein kleines Wäldchen. An der folgenden T-Kreuzung geht es links und über die Emscher hinweg, direkt nach der Brücke wieder rechts. Wir sehen das Dortmunder Fußballstadion, auf der linken Seite liegen erneut Kleingärten. Am **Bolmker Weg** fahren wir rechts und noch vor der Brücke über die Emscher links Richtung **Hörde.** Wir kommen zur breiten **Ardeystraße,** der wir kurz rechts folgen und sie an einer Ampelanlage überqueren.

Erneut geht es direkt nach der Kreuzung links hinab. Auf der rechten Seite liegen wieder Kleingärten. An der T-Kreuzung nach einer Eisenbahnunterführung fahren wir links und schließlich rechts durch eine Unterführung unter einer großen Autostraße. Etwas oberhalb der Emscher rollen wir angenehm bergab. Wir unterqueren einen Bahndamm, fahren unmittelbar dahinter am Knotenpunkt 47 rechts über eine kleine Brücke und direkt wieder rechts unter demselben Bahndamm hindurch. Kurz dahinter geht es wieder links. Wir radeln parallel zum Bahndamm und an einer großen Metallröhre vorbei. Am Ende wählen wir den Weg rechts bergauf, dort gelangen wir zum Gelände **Phoenix West 7** mit einem gewaltigen Hochofen. Dieser kann über den sogenannten Skywalk im Rahmen einer Führung erkundet werden. Gleichzeitig bietet sich der Ort für eine ordentliche Pause an – in der **Stehbierhalle der Bergmann Brauerei 8.**

Unsere Radtour führt an der Stehbierhalle vorbei auf einen Radweg leicht bergab. Wir folgen dem Hauptweg mit hellem Asphalt und bleiben vor einer

*Die **Stehbierhalle** der Bergmann Brauerei erweckt eine alte, fast vergessene Tradition zu neuem Leben. Drinnen gibt es eine breite Auswahl köstlicher Biere, davor stehen jeden Tag andere Foodtrucks – mal mit Pizza, mal mit Burger oder 'nem leckeren Spieß – ein tolles Konzept.*

Bahntrasse Phoenix West

Brücke leicht links. Auf hoher Brücke überqueren wir die Emscher und blicken rechts auf die Kirche im Stadtteil Hörde.

Wer die Tour etwas verlängern will, radelt dem Hauptweg folgend weiter zum **Phoenix-See** ❾ und umrundet ihn. Er ist mittlerweile ein Besuchermagnet mit zahlreichen Gastronomiebetrieben. Fans einer leckeren Currywurst werden in der **Frittenküche** ❿ fündig.

Unsere Hauptroute biegt dagegen direkt nach der Brücke links ab. Wir fahren hinunter zur Emscher und folgen dem Weg nach rechts. Links blicken wir auf den Fluss, dann sehen wir rechts eine nach oben führende Treppe. Kurz hinter einer Brücke biegen wir scharf rechts auf die Rampe nach oben ab. Dort fahren wir links, wenig später erneut links und direkt rechts auf die Straße **Kapitelwiese.** Über eine Ampelanlage kreuzen wir die Märkische Straße. Ab hier genießen wir wieder einen Bahntrassenradweg abseits des Straßenverkehrs mitten in der Stadt.

Der Weg heißt **Hundeweg,** ist im Volksmund aber auch als Bananenradweg bekannt. An der Deggingstraße endet er zunächst. Wir queren sie und fahren

Phoenix-See

Stärkung am Phoenix-See

nach rechts, kreuzen dann die Straße Im Defdahl an einer Radlerampel und stoßen auf der anderen Seite wieder auf einen Bahntrassenradweg. Vom Bahndamm aus genießen wir überrascht so einiges Grün mitten in der Großstadt, blicken in die Hinterhöfe und Gärten der Wohnhäuser und passieren schon wieder eine Kleingartensiedlung. Dahinter nehmen wir rechts die Rampe runter zur **Güntherstraße,** denn der Bahntrassenradweg findet hier aktuell noch sein Ende. Wir halten die bisherige Fahrtrichtung, queren die Klönnestraße und fahren geradeaus weiter durch ein optisch nicht so attraktives Industriegebiet. Die kleine Straße wird zum Radweg, dann fahren auch wieder Autos. Nach einer mit Graffiti besprühten Mauer biegen wir links auf die **Weißenburger Straße** ein. Am Ende gelangen wir zum **Schwanenwall,** der uns dort, wo früher mal die Stadtmauer stand, um die Innenstadt herum zurück zum Hauptbahnhof bringt. Als passender Abschluss bietet sich eine Brauereibesichtigung inklusive Verköstigung in der **Hövels Hausbrauerei** ⑪ an, die über den Wallring schnell erreicht ist.

*In der **Hövels Hausbrauerei** erfahren Besucher bei einer Führung mit dem Braumeister viel über die Herstellung des köstlichen Getränks und können es dann ausgiebig kosten. Die leckere, deftige Küche macht sicherlich jeden satt.*

Alles auf einen Blick

WIE & WANN:
Großenteils autofrei, aber auch etwas Stadtverkehr; oft Asphalt, teilweise unbefestigte Wege; am besten zwischen Ostern und Herbstferien bei trockenem Wetter

HIN & WEG:
Auto: Parkplatz am Hauptbahnhof Dortmund (kostenpflichtig) (GPS 51.516640, 7.456915); besser kostenfrei bei Phoenix West parken und die Tour dort starten (GPS 51.489206, 7.483540)
ÖPNV: Diverse RE-, RB- und S-Bahn-Linien oder Fernverkehr bis Dortmund Hbf.

ESSEN & ENTSPANNEN:
Schmiedingslust ❹ Westerholz 45, 44147 Dortmund, Tel. (02 31) 81 12 75
Stehbierhalle der Bergmann Brauerei ❽ Elias-Bahn-Weg 2, 44263 Dortmund, Tel. (02 31) 9 50 39 01, www.harte-arbeit-ehrlicher-lohn.de
Frittenküche ❿ Am Kai 14, 44263 Dortmund, Tel. (01 75) 1 92 01 21, www.frittenkueche.de
Hövels Hausbrauerei ⓫ Hoher Wall 5–7, 44137 Dortmund, Tel. (02 31) 91 45 47-0, www.hoevels-hausbrauerei.de

ENTDECKEN & ERLEBEN:
Deutsches Fußballmuseum ❶ Platz der Deutschen Einheit 1, 44137 Dortmund, Tel. (02 31) 22 22 19 54, www.fussballmuseum.de
Dortmunder U Zentrum für Kunst und Kreativität ❷ Leonie-Reygers-Terrasse, 44137 Dortmund, Tel. (02 31) 50-2 47 23, www.dortmunder-u.de
Fredenbaumpark ❸ Lindenhorster Straße 6, 44147 Dortmund
Deusenberg ❺
Kunstwerk „Zur kleinen Weile" ❻
Phoenix West ❼
Phoenix-See ❾

Entspannung ✴ ✴ ✴ ✴ ✴
Genuss ✴ ✴ ✴ ✴ ✴
Erlebnis ✴ ✴ ✴ ✴ ✴

Altstadt Kettwig

* 32,1 Kilometer
* 240 Höhenmeter
* 3 Stunden
* Rundtour

Eine Straußenfarm mitten im Ruhrgebiet? Zwischen Kettwig und Werden gibt es eine solche. Sie ist für Genussradler ebenso wie für Familien ein wunderbares Ziel.

Vom Hauptbahnhof in Mülheim starten wir über die **Epinghofer Straße** zur Rampe auf den Radschnellweg **RS 1.** Wir halten uns rechts in westlicher Richtung über die Balkonpromenade und gelangen rasch zur Ruhr. Die Rastmöglichkeit direkt auf der Brücke lassen wir noch links liegen, obwohl sie schön angelegt ist.

Wenig später taucht auf der linken Seite die **Camera Obscura ❶** auf.

Direkt dahinter biegen wir links ab und folgen der Ausschilderung nach **Kettwig.** Wir umfahren einen einstigen Ringlokschuppen, der heute ein Kulturzentrum mit vegan-vegetarischem Restaurant beherbergt, und gelangen in den **Müga-Park** vor dem **Schloss Broich ❷.** Schöne Blumenbeete und Wasserspiele, gepaart mit ein wenig Kunst, zeichnen diesen Ruhepol mitten in der Großstadt aus. Wer schon zu Anfang der Tour eine Extraportion Entspannung benötigt, findet im Park sicherlich eine passende Stelle.

Wir fahren am Europa-Pavillon vorbei und verlassen den Park. Eine Brücke bringt uns über die Straße Am Schloß Broich. An einem kleinen Spielplatz vorbei gelangen wir durch ein Gittertor auf den **Fossilienweg.** Wir befinden uns auf dem ausgeschilderten **Ruhrtalradweg** und radeln auf der ehemaligen Trasse der Unteren Ruhrtalbahn. Eine Infotafel gibt Auf-

*Die **Camera Obscura** in einem ehemaligen Wasserturm ist ein Museum zur Frühgeschichte des Films. Oben in der Kuppel demonstriert die weltweit größte begehbare Camera Obscura, wie Bewegtbilder durch ein kleines Loch in der Decke eingefangen werden können.*

***Schloss Broich** geht auf eine Wehranlage aus dem 9. Jahrhundert zurück und diente dem Schutz des Hellwegs, eines wichtigen Handelswegs. Heute ist es ein Veranstaltungsort. Mittelalter-Fans freuen sich über das Ritterfest „Pfingstspektakulum" und den Weihnachtsmarkt.*

Ruhrtalgenüsse
Zwischen Mülheim und Kettwig

*Das schöne Zisterzienserinnenkloster Saarn geht auf das 13. Jahrhundert zurück und ist ein Ort wunderbarer Ruhe. Im Kräutergarten finden sich auch weniger bekannte Heilpflanzen. Nach Besichtigung des Klostermuseums kann man Seele und Körper im **Klostercafé** etwas Gutes tun.*

schlüsse über die geologische Vergangenheit der Region.

Bei Kilometer 2,8 biegen wir nach links ab, folgen dem rot-weißen Pfeil und queren über eine hölzerne Brücke die Straße Kassenberg. Nach kurzer Abfahrt gelangen wir zur Ruhr und folgen weiter der Beschilderung des Ruhrtalradwegs. Ein kurzes Stück sind wir direkt am Fluss, dann passieren wir nach einer lang gezogenen Rechts-links-Kombination eine große Sportanlage mit Tennis- und Fußballplätzen. Wo bei Kilometer 4,0 der Ruhrtalradweg nach links abbiegt, halten wir uns leicht rechts. An der Mintarder Straße nehmen wir rechts einen gepflasterten Weg in ein Wäldchen und gelangen wieder zur ehemaligen Ruhrtalbahn, der wir nach links folgen. Nach zwei kleineren hölzernen Brücken überqueren wir über eine weitere Brücke die vierspurige B 1. Rechts sehen wir bereits den Teich des **Klosters Saarn** ③ und biegen

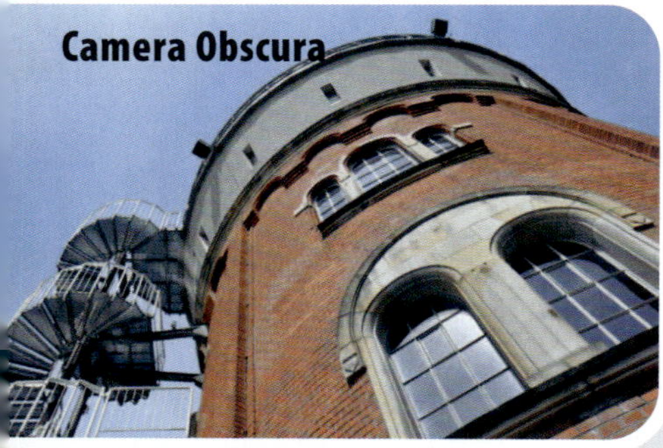

Camera Obscura

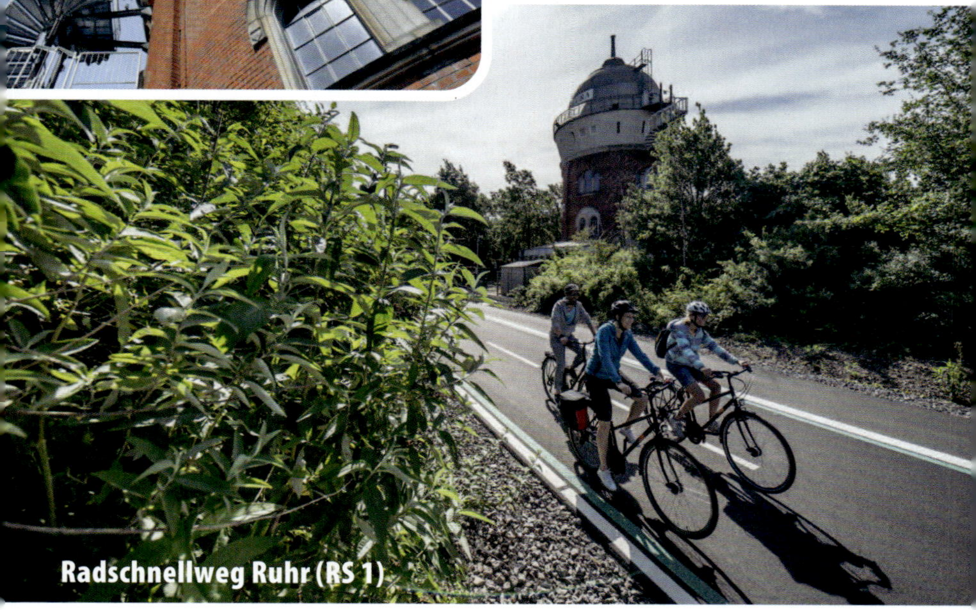

Radschnellweg Ruhr (RS 1)

Schloss Broich

Kloster Saarn

unmittelbar dahinter rechts ab. Auf dem Gelände des Klosters schieben wir das Rad.

Über den Bahntrassenradweg gelangen wir zur **Landsberger Straße.** Hier halten wir uns links und wählen dann direkt rechts für wenige Meter den Radweg entlang der **Mintarder Straße.** Dann schwenken wir rechts auf einen asphaltierten Feldweg. Wir befinden uns wieder auf dem **Ruhrtalradweg** und folgen seiner Beschilderung. Während wir, immer dem Hauptweg folgend, durch weite Felder fahren, sehen wir am Horizont bereits die markante Autobahnbrücke der A 52, die das Ruhrtal überspannt. Vor einem Reiterhof wird der Bodenbelag kurzzeitig sandig und holprig, hier ist Vorsicht ge-

 # Für die Seele

Die friedliche Ruhe des Gartens von Kloster Saarn belebt unsere Seele ebenso wie die hier wachsenden Heilkräuter unseren Körper.

Altstadt von Kettwig

boten. An der folgenden T-Kreuzung fahren wir rechts und im Schritttempo durch den Hof. Nach einer Links-rechts-Kombination richten wir uns nach den rot-weißen Pfeilen, steuern auf einen Wald zu und fahren an der **Mintarder Dorfstraße** links unter der Autobahnbrücke hindurch. Der Feldweg führt leicht bergan und bringt uns in ein Wohngebiet.

Durch das Dorf **Mintard** rollen wir abwärts zur August-Thyssen-Straße, die wir geradeaus kreuzen und an Fußballplätzen vorbei wieder auf die Felder im Ruhrtal stoßen. Immer geradeaus führt uns der asphaltierte Feldweg nach **Kettwig vor der Brücke.** Dort radeln wir zunächst über den **Mintarder Weg,** biegen an einer umgedrehten Y-Gabelung scharf rechts ab in die **Landsberger Straße.** Wer schon hungrig ist, findet an besagter Gabelung links und kurz danach wieder links den an der Ruhr gelegenen Biergarten des **Gasthauses Alte Fähre** ❹ mit schönem Blick auf die Marktkirche.

Ansonsten geht es direkt nach einer Engstelle links in die **Arndtstraße** und nach einigen Hundert Metern erneut links in die **Volckmarstraße.** Am **Knotenpunkt 55** treffen wir auf die **Ringstraße** und folgen ihr über den Radweg nach links zur Ruhrbrücke. Direkt nach der Brücke queren wir an einer Fußgängerampel auf die linke Straßenseite und gelangen in die **Altstadt von Kettwig** ❺, die in jedem Fall einen Besuch wert ist. Am besten lässt man die Räder bereits vor dem **Eiscafé Al Ponte** ❻ stehen und schlendert mit einem leckeren Eis auf der Hand zu Fuß durch den Ort.

Ein **Rundgang durch Kettwig** führt links in die **Ruhrstraße** und später die **Kirchtreppe** hoch zur Marktkirche. Über die **Hauptstraße** geht es weiter in die **Kaiserstraße** mit malerischen Fachwerkhäusern. Zweimal rechts abgebogen, dann über den Marktplatz mit Märchenbrunnen – und schließlich über Hexenbergweg und Ruhrstraße zurück zur historischen Brücke über den Mühlengraben.

Mit dem Rad geht es zurück über die Ampel zum **Promenadenweg,** der uns wenig später unter einer Eisenbahnbrücke durchführt. Ab hier sind wir wieder autofrei unterwegs. Entlang der Ruhr fahren wir auf dem Leinpfad und genießen das intensive Flusserlebnis. Bei Kilometer 15,4 passieren wir den **Kattenturm** ❼, eine kleine Burgruine.

Kattenturm

Verwöhntour 13

Die Tour führt weiter an der Ruhr entlang, bis wir bei Kilometer 16,8 am Restaurant **Zwölf Apostel am Staadt Essen** ❽ links abbiegen und den Ruhrtalradweg verlassen. Hier beginnt die **Wasserroute,** eine von der Stadt Essen ausgeschilderte Nord-Süd-Verbindung zwischen der Ruhr und dem Rhein-Herne-Kanal. Wir fahren auf dem Zufahrtsweg zum Restaurant und queren eine Bahnlinie und die Ruhrtalstraße. Wenige Meter radeln wir auf dem viel befahrenen **Schuirweg,** biegen dann schnell links in den kleinen **Rutherweg** ab. Die **Straußenfarm** ist bereits ausgeschildert. Der Weg verläuft an Reiterhöfen entlang, bevor ein steiler Anstieg unsere Kräfte fordert. Als Lohn erwartet uns oben unser kulinarischer Höhepunkt, **Die Farm** ❾.

Von der Straußenfarm geht es abwärts in ein Tal. Unten biegen wir links ein in den Weg **Im Riek,** fahren geradeaus über einen kleinen Bach und dann auf **Kamisheide** links bergauf. Die Ruhrhöhen sind wunderschön anzusehen, lassen uns beim Radeln aber gut ins Schwitzen kommen. Ab dem Bauernhof **Kammesheidt,** einer beliebten Hochzeits-Location, wird es noch mal steiler. An einer T-Kreuzung mit der Straße **An der Pierburg** ma-

> **!**
>
> Die **Treidelpfade,** auch als Leinpfade bekannt, führen direkt am Wasser entlang. Hier zogen früher Pferde die Lastschiffe flussaufwärts. Die Ruhr war einst der meistbefahrene Fluss Europas und ein wichtiger Transportweg. Für uns sind die Treidelpfade heute ideale Radwege.

Zwölf Apostel am Staadt

Treidelpfad an der Ruhr

Straußenfarm

chen wir, bevor wir rechts weiterfahren, einen kurzen Abstecher nach links zu einem sehenswerten Kleinod: der **Kapelle Maria im Maien** ⑩. Die wunderschön gelegene Wallfahrtskapelle, erst knappe 90 Jahre alt, ist das nördlichste Gotteshaus des Erzbistums Köln.

Über **An der Pierburg** kommen wir zu der viel befahrenen Meisenburgstraße. Nach der nicht ganz einfachen Querung (eine Mittelinsel ist immerhin vorhanden) fahren wir gegenüber auf den Feldweg **Springberg.** Nach wenigen Metern lohnt es sich, kurz stehen zu bleiben und die außergewöhnliche Aussicht über das Ruhrgebiet zu betrachten. Der 180-Grad-Blick schweift vom Flughafen Essen-Mülheim ganz rechts über den Gasometer Oberhausen und weit am Horizont dahinter die Halde Haniel hinweg weiter nach Duisburg. Davor ragt die Brücke der A 52 auf, und links können wir noch den Tower des Flughafens Düsseldorf erkennen.

Wir fahren weiter, passieren schöne Höfe, halten uns an einer T-Kreuzung rechts, radeln geradeaus an einem Mobilfunkmast vorbei und überqueren die A 52. Erneut öffnet sich das tolle Panorama, bevor wir über eine schön geschwungene Abfahrt talwärts rol-

Auf der **Straußenfarm** *„Die Farm" lassen sich die Tiere von einer Aussichtsplattform beobachten. Im Restaurant gibt es unfassbar leckere Steaks und Burger mit Straußenfleisch. Wer überschüssige Energie hat, kann sich beim Swinggolf oder Fußballgolf austoben.*

len. An der ersten richtigen Wegkreuzung biegen wir rechts in den **Rombecker Weg** ein. Später, mit Blick auf einen Bauernhof mit interessantem Schiefer-Fachwerk-Mix, folgen wir halb links dem Weg **Klingenburgstraße** in ein Tälchen.

Wir sind im **Naturschutzgebiet Rohmbachtal und Rossenbecktal** und genießen das ländliche Idyll mit seinen Feldern und Weiden. Hinweistafeln erklären uns die Besonderheiten dieses Naturraums. Der Weg führt überwiegend bergab und zurück ins Ruhrtal. Die große Mendener Straße wird überquert. Über einen kleinen Feldweg gelangen wir an die Ruhr, während wir links erneut die wuchtige Autobahnbrücke sehen. Am Fluss halten wir uns rechts und fahren über die ehemaligen Treidelpfade flussabwärts. Bänke am Wegesrand laden ein, sich für einen Moment an der Ruhr niederzulassen. Dort gibt es immer etwas zu beobachten. Am spannendsten sind die ersten Flugstunden der Wildgänse im Sommer, wenn der Flug der Rotte noch wild und chaotisch aussieht, nicht so ruhig und strukturiert wie im Herbst.

Kapelle Maria im Maien

Nachdem wir die Mendener Brücke unterquert haben, führt der Radweg rechts kurz steil bergauf zur **Mendener Straße.** Wir halten uns weiter rechts und queren über eine Brücke auf die andere Ruhrseite. Unmittelbar danach zweigt rechts ein kleiner, leider nicht ganz so gut ausgebauter Weg ab, den wir vorsichtig hinunterfahren. An der Wegkreuzung direkt nach einem Rechtsknick fahren wir geradeaus und sind wieder auf dem **Ruhrtalrad-**

Stadthafen Mühlheim

weg. Jedoch verlassen wir ihn bei Kilometer 29,1 und bleiben rechts weiter am Fluss, der Ausschilderung zum **Wasserbahnhof** folgend. Wir fahren geradeaus zum Wehr, über das wir kurz schieben müssen. Über den **Ruhrinselweg** geht es weiter Richtung Wasserbahnhof. Am Ende des Weges an einer T-Kreuzung fahren wir rechts an einem Elektrizitätswerk vorbei, dann links. Auf der Schleuseninsel lohnt sich der Besuch im Biergarten von **Frankys Wasserbahnhof ⑪.**

Nachdem wir über die Schleuse geradelt sind, halten wir uns links am Wasser. Das **Café Plati ⑫** serviert die passende Belohnung zum Ende dieser Radtour. Durch einen kleinen Park gelangen wir neben dem Fluss zum neuen Stadthafen an der Mülheimer **Ruhrpromenade ⑬.** Hier reihen sich Restaurants mit Ruhrblick aneinander.

Wir sehen bereits die Ruhrbrücke des RS 1, über die wir zu Beginn der Radtour die Ruhrseite gewechselt haben. Ein Aufzug für Fahrradfahrer befördert uns bequem auf die ehemalige Bahntrasse. Über den bekannten Weg geht es nach rechts zurück zum Hauptbahnhof.

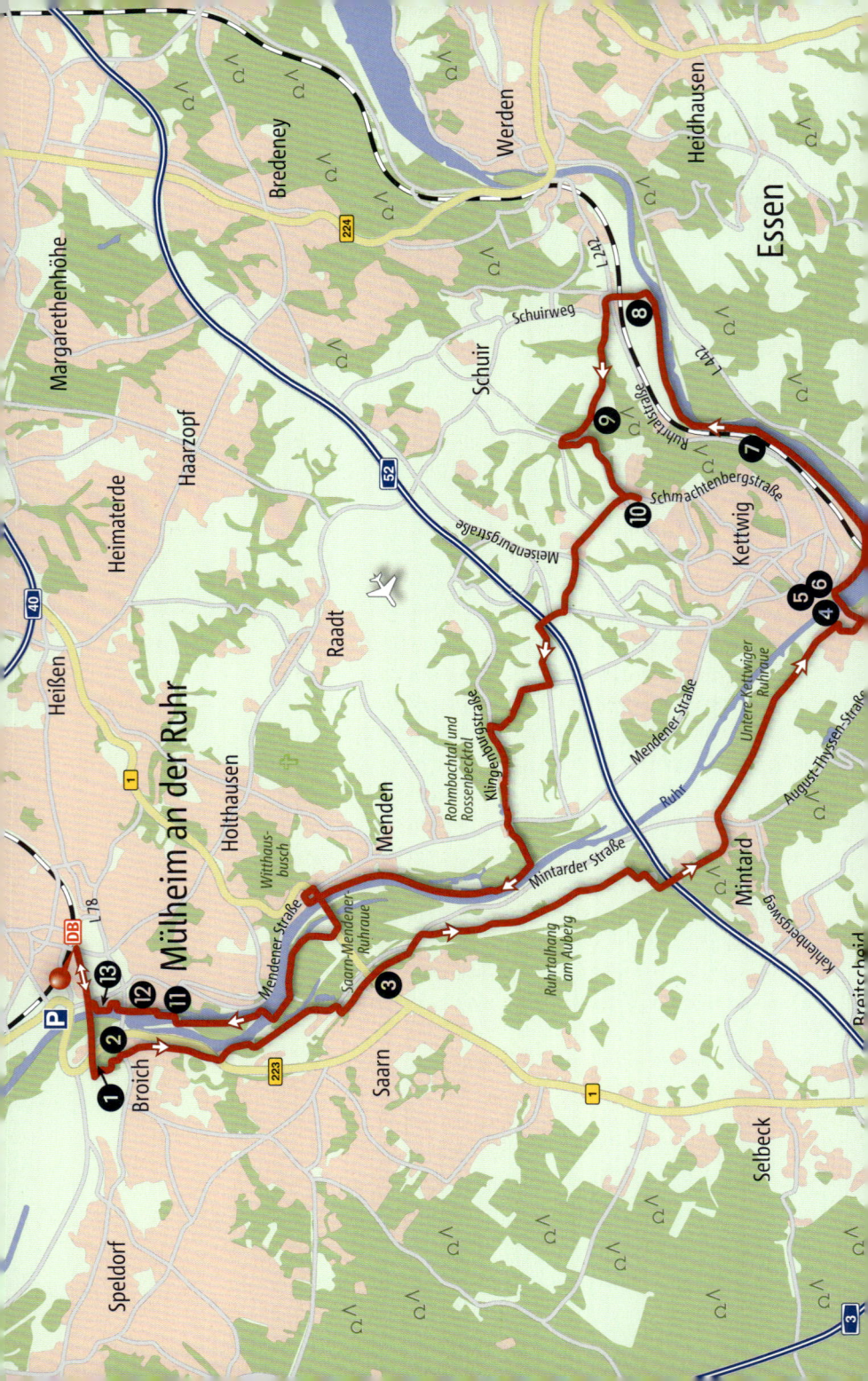

Alles auf einen Blick

WIE & WANN:
Weitgehend autofrei, nur wenig Stadtverkehr; viel Asphalt, aber auch unbefestigte Wege und Feldwege; am besten zwischen Ostern und Herbstferien bei trockenem Wetter

HIN & WEG:
Auto: Parkplatz an der Konrad-Adenauer-Brücke (kostenpflichtig), Friedrich-Ebert-Straße, 45468 Mülheim an der Ruhr (GPS 51.432068, 6.876767); von dort über die Ruhrstraße zum RS 1
ÖPNV: Diverse RE- und S-Bahn-Linien bis Mülheim (Ruhr) Hbf.

ESSEN & ENTSPANNEN:
Klostercafé Saarn ❸ Klosterstraße 53, 45481 Mülheim an der Ruhr, Tel. (02 08) 48 75 55
Gasthaus Alte Fähre ❹ Zur Alten Fähre 45, 45219 Essen-Kettwig, Tel. (0 20 54) 8 65 12, www.alte-faehre.de
Eiscafé Al Ponte ❻ Am Mühlengraben 3, 45219 Essen-Kettwig, Tel. (0 20 54) 8 72 94 09
Zwölf Apostel am Staadt Essen ❽ Ruhrtalstraße 111, 45239 Essen, Tel. (02 01) 4 90 24 24, www.zwoelfapostel-essen.de
Die Farm (9) Rutherweg 39, 45133 Essen, Tel. (01 57) 30 18 65 10, www.diefarm-essen.de
Frankys Wasserbahnhof ⓫ Alte Schleuse 1, 45468 Mülheim an der Ruhr, Tel. (02 08) 3 88 29 63, www.frankys-wasserbahnhof.de; ACHTUNG: 2021 wegen Umbau geschlossen
Café Plati ⓬ Auf dem Dudel 24, 45468 Mülheim an der Ruhr, Tel. (02 08) 3 19 47, www.cafeplati.de

ENTDECKEN & ERLEBEN:
Camera Obscura ❶ Am Schloß Broich 42, 45479 Mülheim an der Ruhr, Tel. (02 08) 3 02 26 05, www.camera-obscura-muelheim.de
Schloss Broich mit Müga-Park ❷ www.schloss-broich-muelheim.de
Kloster Saarn ❸ Klosterstraße 53, 45481 Mülheim an der Ruhr, www.kloster-saarn.com
Altstadt von Kettwig ❺
Kattenturm ❼
Kapelle Maria im Maien ❿ Schmachtenbergstraße 174, 45219 Essen
Ruhrpromenade Mülheim ⓭

Entspannung ✵✵✵✵✵
Genuss ✵✵✵✵✵
Erlebnis ✵✵✵✵✵

❋ 32,5 Kilometer
❋ 190 Höhenmeter
❋ 3 Stunden
❋ Rundtour

Die Currywurst ist im Ruhrgebiet genauso kultig und heilig wie das Büdchen an der Ecke. Daher ist eine Genießertour zu beidem Pflicht.

Vom Hauptbahnhof in Bochum nehmen wir die Ampel Richtung Innenstadt und fahren nach links am **Südring** entlang auf dem für Radler freigegebenen Fußweg. Schnell biegen wir links ein in die **Brüderstraße,** die uns ins Szeneviertel Bermuda3Eck bringt. Abends erlebt man hier die Universitätsstadt Bochum mit vielen jungen Leuten, leckeren Cocktails und guten Bars. Tagsüber steuern wir das **Bratwursthaus ❶** an – eine absolute Kult-Bude und Pflichtprogramm auf jeder Ruhrpott-Tour, bekannt durch die unfassbar leckere Dönninghaus-Currywurst.

Es lässt sich trefflich über die „beste Currywurst" in der Stadt, im Ruhrgebiet, in Deutschland streiten. Aber im Ruhrgebiet sind sich irgendwie alle einig, dass die Dönninghaus vom **Bratwursthaus** *ganz vorn mit dabei ist. Für viele ist sie die beste Currywurst der Welt.*

Gut gestärkt radeln wir über den **Kerkwege** schräg gegenüber der Bratwurstbude aus dem Bermuda3Eck hinaus. Wir blicken auf die ehemalige St. Marienkirche mit dem Anneliese Brost Musikforum, kreuzen die Viktoriastraße und fahren in die Straße **Marienplatz,** an der **Humboldtstraße** links und direkt rechts in die **Maximilian-Kolbe-Straße.** Nach einer Bahnunterführung halten wir uns an einer Y-Gabelung halb links in den **Springerplatz.** Rechts liegt die **Rad Bar & Café Treibsand ❷,** die wir uns für den Abschluss der Tour vormerken. Über die Bessemerstraße hinweg und an der Feuerwehrwache vorbei gelangen wir in die **Baarestraße,** die uns in die **Arbeitersiedlung Stahlhausen ❸** führt. Wir fahren links in **die Jacob-Mayer-Straße** ein, vor Tor 7 rechts in die **Windhausstraße,** am Ende rechts in die **Stahlhauser**

Kultige Büdchen
Eine Radtour rund um Bochum

Straße und bekommen so einen Eindruck von der Siedlung mit einigen durchaus sehenswerten Häusern. Gegenüber der Baarestraße nehmen wir links einen Radweg. Wir fahren direkt wieder links, beschreiben einen Rechtsbogen und befinden uns auf dem **Parkband West,** einer Radwegverbindung vom Westpark zum Haus Weitmar.

Nach einer Linkskurve geht es am Kreisverkehr die dritte Ausfahrt rechts. Wir überqueren die Autobahn, fahren rechts am Schrebergartenverein „Am Trottenberg e. V." und wenig später am Schrebergarten Engelsburg vorbei. An der T-Kreuzung direkt nach einer kleinen Brücke schwenken wir links und folgen dem asphaltierten Hauptweg. An einer weiteren T-Kreuzung geht es rechts am Straßenbahndepot vorbei zur **Engelsburger Straße.** Hier fahren wir links, dann sofort rechts in die Straße **In der Senke,** die einen Linksbogen macht. Bei Kilometer 4,6 biegen wir, dem rot-weißen Pfeil folgend, rechts ab auf einen Weg zwischen Hecken hindurch. Es geht kurz bergab, dann an der Gabelung am Bolzplatz rechts hinein in ein kleines Wäldchen. Schienen im Boden zeigen, dass hier mal eine Bahntrasse verlief. An einem kleinen Rondell fol-

Siedlung Stahlhausen

Schrebergarten Engelsburg

Schrebergarten
1923
Engelsburg

gen wir dem Pfeil nach links auf einen geschotterten Weg durch den Wald. Es geht geradeaus an Tennisplätzen entlang, dann an einem weiteren Rondell halb links durch einen Tunnel unter einer Eisenbahn hindurch. Eine Infotafel rechts informiert uns zum Stollen Storksbank, der zwischen 1740 und 1833 in Betrieb war. Nach einem weiteren Tunnel steht links eine Infotafel über Werks- und Anschlussbahnen. Wir halten uns links, der Weg führt in einem langen Linksbogen weiter. Eine dritte Infotafel erzählt von der Zeche Vereinigte Engelsburg.

 Für die Seele

Es kann so einfach sein, sich mit einer gemischten Tüte für einen kurzen Moment die Glückseligkeit der Kindheit zurückzuholen.

Verwöhntour 14

Haus Weitmar, *ein alter Adelssitz, wurde im Zweiten Weltkrieg, ebenso wie die Sylvesterkapelle, stark beschädigt. Heute befindet sich ein moderner Kubus im Inneren der alten Mauern. Auf dem Gelände sind die Dauerausstellung Situation Kunst und das Museum unter Tage untergebracht.*

Der Radbeschilderung folgend fahren wir über die Engelsburger Straße hinweg, geradeaus an einem Sportplatz vorbei, kurz vor dem Ende des Weges in eine Links-rechts-Kombination und an Kleingärten entlang. Nach einem Rechtsbogen geht es an einer Wegkreuzung rechts auf dem asphaltierten Hauptweg weiter. Er schlängelt sich durch Felder, wir kreuzen die Schützenstraße. An einer Gabelung vor einem Trampelpfad rollen wir rechts bergab, dann links auf recht ruppigem Radweg durch ein schönes, grünes Tal. Es geht kurz bergauf zur Elsa-Brändström-Straße, die wir überqueren. Richtung **Schlosspark Weitmar** folgen wir leicht links der **Rathenaustraße** durch ein Wohngebiet. Wir queren die Blumenfeldstraße und fahren in einen schmaleren Weg. Über die Florastraße hinweg geht es in eine Sackgasse, die wir durch eine weiße Umlaufschranke über die Hofleite hinweg auf die **Sylvesterstraße** verlassen. Danach fahren wir an einer T-Kreuzung links und direkt rechts in den Park von **Haus Weitmar** ❹. Die alte, verwunschen wirkende Kirchenruine der Sylvesterkapelle steht direkt am

Kirchenruine Weitmar

Kult-Kiosk am Freigrafendamm

Eingang. Im **Schlosspark** bietet sich eine Ent-
spannungspause auf einer der Bänke an.

Wir verlassen den Park auf dem Hauptweg und überqueren die **Springorumtrasse,** auf
die wir gleich darauf durch drei 90-Grad-
Drehungen nach rechts einschwenken und
ihr Richtung **Zeche Prinz Regent** folgen. Für die nächsten
Kilometer steht entspanntes Bahntrassenradeln auf
dem Programm. Nur einmal weichen wir kurz von
der überbauten Trasse ab und folgen der rot-weißen
Beschilderung links und wieder rechts unter einer
Straße hindurch weiter Richtung Zeche Prinz Regent.

Es wird zunehmend urbaner, und wir verlassen bei
Kilometer 14,8 hinter einigen Kleingärten die Bahntrasse nach rechts Richtung **Hochschule Bochum.** Auf unserem Weg zur heiß begehrten „gemischten Tüte"
fahren wir zunächst die Straße **Glockengarten** durch ein
Wohngebiet leicht bergauf. Es geht links auf die **Vels-
straße** und über die große Wittener Straße hinweg auf
den **Freigrafendamm**. Nach einigen Pedalumdrehungen
sehen wir rechts den **Kult-Kiosk am Freigrafendamm ❺.**

Wir folgen dem **Freigrafendamm** durch eine Ahorn-
allee bis zum Friedhof und fahren dort an einer T-
Kreuzung links. Es geht über eine Brücke, dann am
Kreisverkehr rechts. Direkt vor dem Sheffield-Ring

*Die **gemischte Tüte** ist im
Ruhrgebiet Kult. Für wenige
Taler bekommen kleine und
große Leckermäuler Süßes
wie auch Saures, ein wenig
zum Naschen. Beim Tag der
Trinkhallen wurde das
Büdchen an der Ecke mit
buntem Kulturprogramm
geehrt und so endgültig zum
gefeierten Kulturgut.*

nutzen wir den Zebrastreifen, um auf die linke Gehwegseite zu gelangen. Ab hier verläuft ein Radweg nach links parallel zur autobahnähnlichen Straße. Nach einer niedrigen Brücke biegt er scharf links steil bergauf ab. Es geht links auf eine kleine Straße, dann beginnt rechts die **Lothringentrasse,** die uns unter dem Harpener Hellweg und der A 40 hindurch nach Norden bringt.

Bei Kilometer 19,2 biegen wir am Wegweiser Richtung **Bochum-Grumme** links ab und fahren geradeaus auf einem Schotterweg abwärts. Der stellenweise etwas ausgewaschene Weg erfordert eine etwas vorsichtigere Fahrweise.

Grummer Teiche

Der Hauptweg bringt uns nach unten. Dann folgen wir hinter einer kleinen Holzbrücke dem Pfeil nach rechts.

Wir sind im schönen Tal der **Grummer Teiche** ❻. Nach einem Linksbogen fahren wir an einer Gabelung links. Wir folgen dem Bachlauf, der sich immer wieder zu kleineren und größeren Teichen verbreitert. Es tut gut, so viel Natur um sich herum zu spüren.

Die rot-weiße Beschilderung führt uns zu einem kleinen Wendekreis. Dort halten wir uns links, am Wegepoller vorbei. Es geht kurz auf die südliche Seite der Grummer Teiche, dann rechts und erneut rechts über eine Brücke wieder auf die nördliche Seite. Wir radeln hoch zur Tenthoffstraße und queren sie in Richtung **LWL Zeche Hannover** und Knotenpunkt 47. An der nächsten Gabelung geht es links, an einer weiteren Gabelung rechts am Weiher entlang. Wir fahren über die Grummer Straße, dann kurz rechts und direkt links auf den Radweg. Am Ende radeln wir leicht rechts eine gepflasterte Rampe hoch und weiter oberhalb der Grumme dahin. Wo der rot-weiße Pfeil nach rechts zeigt, fahren wir lieber kurz geradeaus, dann direkt wieder links. Auf recht grobem Schotter kommen wir zur **Vierhausstraße,** der wir nach rechts zur Ampelanlage und weiter Richtung **LWL Zeche Hannover** folgen. Für einen Kilometer bleiben wir auf der **Poststraße.** Nach einer größeren Bahnunterführung biegen wir links in eine kleine Auffahrt ein. Wir halten uns noch vor den silberfarbenen Rohren rechts und gelangen auf einen Radweg neben dem Hofsteder Bach. Wir queren die Straße Wengewiese. An einer Gabelung wählen wir den rechten, unteren Weg. Nach einem Bolzplatz halten wir uns geradeaus.

Es geht rechts über eine Brücke und direkt danach links. An der folgenden Y-Gabelung fahren wir rechts

Dahlhauser Heide

Zechensiedlung Dahlhauser Heide

in die Unterführung unter der Dorstener Straße hindurch. Auf der anderen Seite geht es direkt links und wieder rechts weiter am Hofsteder Bach entlang. An einer Gabelung wählen wir rechts den gefühlt schmaleren Weg, fahren an einer Bank geradeaus an einem weiteren Bolzplatz entlang. Wir gelangen zur **Dinnendahlstraße,** folgen ihr kurz nach rechts und biegen direkt links in die **Sechs-Schwestern-Straße** ein. Jetzt befinden wir uns in der **Zechensiedlung Dahlhauser Heide 7.** Wir biegen rechts in die **Kreftenscheerstraße** ein und rollen ins Zentrum der Siedlung. Dort finden wir einen schönen Brunnen sowie eine Infotafel, die uns die Geschichte der Arbeitersiedlung erklärt.

Um noch mehr von ihr zu sehen, radeln wir an der **Hordeler Heide** links, dann rechts in die **Schoppenkampstraße** und später rechts in die **Heidackerstraße.** Wir schwenken links in die **Schragmüllerstraße,** der Weg wird zum Feldweg vorbei an einer Pferdekoppel. Rechts sehen wir hinter Bäumen etwas versteckt das **LWL-Industriemuseum Zeche Hannover 8.** Am Ende biegen wir rechts auf die **Hüller-Bach-Straße** ein und radeln vor der Eisenbahnbrücke wieder links Richtung **Zeche Zollverein** und **Jahrhunderthalle.**

Der Weg führt durch ein Wäldchen und biegt vor einer Eisenbahnbrücke links hoch ab. Wir erreichen **Knotenpunkt 47** auf der **Erzbahntrasse,** der wir links Richtung **Jahrhunderthalle** folgen. Auf der alten Bahntrasse radeln wir bequem durch Wald und schöne Natur. Wir passieren das Gerüst der **Zeche Vereinigte Carolinenglück 2/3 9.** Dann wird es wieder spürbar urbaner. Die Erzbahntrasse überquert die A 40, der Weg führt spürbar bergauf. Wir überfahren die architektonisch herausragende **Erzbahnschwinge 10,** die uns Radler s-förmig hoch zum **Westpark** mit der **Jahrhunderthalle Bochum 11** führt. Auf dem Gelände können wir uns in der **Gastronomie im Pumpenhaus** mit Verpflegung versorgen.

*Die **Zeche Hannover** hat einen schönen Malakowturm und kann besichtigt werden. Einzigartig ist der tolle Kinderspielplatz direkt nebenan. Auf Zeche Knirps werden die Kleinen zu Kumpeln und schürfen nach Sand im Kinderbergwerk mit Förderturm und allerlei Grubentechnik.*

Zeche Hannover mit Zeche Knirps

Erzbahnschwinge

Sie gleicht eher einer Kantine, die Küche ist aber wirklich gut und dabei noch zügig.

Über das Gelände des Westparks folgen wir der rot-weißen Beschilderung im Uhrzeigersinn. Der Weg macht einen Rechtsbogen, links von uns liegt der Bochumer Verein, wo noch heute ein schwerer Hammer rohes Eisen formt. Am **Knotenpunkt 29** ist für Radler, die **bei der Jahrhunderthalle geparkt haben, Anfang und Ende der Tour.** Alle anderen passieren ihn geradeaus. Am Ende fahren wir zwischen Wegepollern hindurch, dann links, der Beschilderung folgend, eine Rampe bergab. An der **Alleestraße** fahren wir nach links, außer wir wollen geradeaus einen Abstecher zum erwähnten **Café Treibsand** machen.

Der Radweg in der Alleestraße hört bald auf. Hinter dem Westring wird die Verkehrslage entspannter. Links sehen wir noch als letzte Sehenswürdigkeit eine große, vom Bochumer Verein gegossene Glocke gegenüber vom **Knotenpunkt 77.** Wir folgen den Wegweisern quer durch die Innenstadt und gelangen zurück zum Hauptbahnhof.

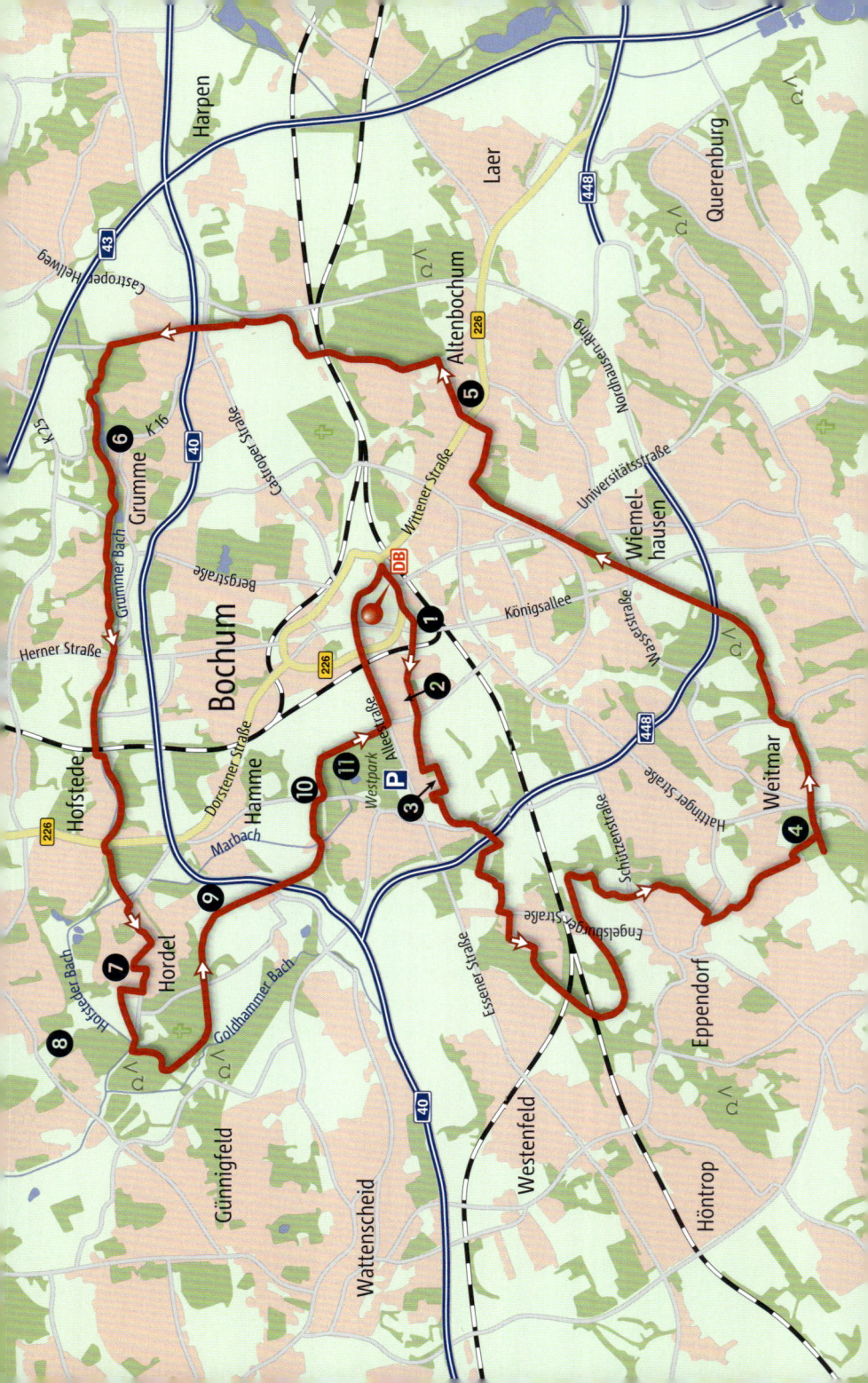

Alles auf einen Blick

WIE & WANN:
Oft autofrei, aber auch Stadtverkehr; viel Asphalt, aber auch unbefestigte Wege;
am besten zwischen Ostern und Herbstferien bei trockenem Wetter

HIN & WEG:
Auto: Parkhaus der Jahrhunderthalle (kostenpflichtig), An der Jahrhunderthalle 1, 44793 Bochum
(GPS 51.479296, 7.194678); mit dem Rad an der Jahrhunderthalle vorbei zum Knotenpunkt 29,
dort Einstieg in die Tour; oder diverse Parkmöglichkeiten außerhalb des Stadtzentrums
ÖPNV: Diverse RE- und RB-Linien oder S 1 bis Bochum Hbf.

ESSEN & ENTSPANNEN:
Bratwursthaus ❶ Kortumstraße 18, 44787 Bochum, Tel. (02 34) 92 78 84 33,
www.bratwursthaus.com
Rad Bar & Café Treibsand ❷ Springerplatz 1, 44793 Bochum,
Tel. (02 34) 59 34 10, www.cafetreibsand.de
Kult-Kiosk am Freigrafendamm ❺ Freigrafendamm 8,
44803 Bochum, Tel. (02 34) 35 80 48
Gastronomie im Pumpenhaus an der Jahrhunderthalle Bochum ⓫
An der Jahrhunderthalle 1, 44793 Bochum, Tel. (02 34) 3 69 31 19,
www.jahrhunderthalle-bochum.de/besucher/gastronomie-im-pumpenhaus

ENTDECKEN & ERLEBEN:
Arbeitersiedlung Stahlhausen ❸
Haus Weitmar mit Schlosspark ❹ Nevelstraße 29 c, 44795 Bochum
Grummer Teiche ❻ **Zechensiedlung Dahlhauser Heide ❼**
LWL-Industriemuseum Zeche Hannover ❽ Günnigfelder Straße 251, 44793 Bochum,
Tel. (02 34) 28 25 39-11, www.lwl.org/industriemuseum/standorte/zeche-hannover
Zeche Vereinigte Carolinenglück 2/3 ❾ **Erzbahnschwinge ❿**
Westpark mit Jahrhunderthalle Bochum ⓫ An der Jahrhunderthalle 1,
44793 Bochum, Tel. (02 34) 36 93-1 11, www.jahrhunderthalle-bochum.de

Entspannung ✳✳✳✳✳
Genuss ✳✳✳✳✳
Erlebnis ✳✳✳✳✳

Dammer Mühle

❋ 40,3 Kilometer
❋ 90 Höhenmeter
❋ 3,5 Stunden
❋ Rundtour

Im Norden des Ruhrgebiets lockt die größte Forellenzucht der Region nicht nur Angler an. Auch wir Radfahrer kommen dank eines Fischbüdchens voll auf unsere Kosten. Umso mehr, wenn wir genüsslich auf Bahntrassenradwegen und entlang des Wesel-Datteln-Kanals an- und abreisen.

Vom Bahnhof in Dorsten führt unser Weg nach rechts am Busbahnhof entlang und hinter dem letzten Bussteig 13 nach links. Es geht rechts auf den Radweg parallel zum **Willy-Brandt-Ring.** Wir queren die Vestische Allee, wenig später die Hansestraße und die Schiffbauerstraße. Schließlich erreichen wir die Brücke zunächst über den Wesel-Datteln-Kanal und wenig später über die Lippe.

Direkt nach der Lippe biegen wir rechts ab auf eine Rampe, dann unten scharf links und an einer Gabelung erneut links Richtung Knotenpunkt 19/**Schermbeck.** Wir fahren unter der Autostraße hindurch, dann nehmen wir links einen gepflasterten Weg hoch auf den Lippedamm. Entspannt rollen wir abseits des Straßenverkehrs mit Blick auf die Lippe und ihre Auenlandschaft. An der Radwegkreuzung vor einer schmalen Lippebrücke bleiben wir geradeaus auf dem Damm. Der Weg macht einen Rechtsbogen, wir passieren den Abzweig zur Lippefähre Baldur. Über eine kleine Brücke queren wir den Hammbach. Wenig später kreuzen wir die Baldurstraße halb rechts und folgen einem Radweg bis zu einem Metallgitter auf der linken Seite. Hier fahren

Fischbrötchenrunde
Von Dorsten zur Forellenfarm

Verwöhntour 15

*Die Strecke Haltern–
Wesel–Venlo ist Teil der
Hamburg-Venloer Bahn
und gehört zu den längsten
Bahntrassenradwegen im
Ruhrgebiet. Leider ist die alte
Trasse streckenweise überbaut
und so nicht durchgängig
nutzbar. Dennoch ist sie eine
wichtige West-Ost-Verbin-
dung für Radler.*

wir links auf einen Bahntrassenradweg – auf der Trasse der einstigen **Hamburg-Venloer Bahn** ❶.

Ohne jede Beeinträchtigung durch Straßenverkehr radeln wir glücklich aus Dorsten heraus. Es geht vorbei an Einfamilienhäusern mit Gärten, später über weite Felder mit Bauernhöfen. Unser Weg verläuft beinahe schnurgerade und ist auch bei Abzweigen von Wegen immer eindeutig zu erkennen. Wir unterqueren die A 31. Später hat der Weg eine Asphaltdecke und ist als Fahrradstraße beschildert. Wir gelangen an einen winzig kleinen gepflasterten Platz mit zwei schönen Bänken vor einem großen Baum. Ein idealer Ort, um eine erste Rast einzulegen.

Über einen kleinen Querweg hinweg geht es in gleicher Richtung weiter. Wir kreuzen eine Straße und sehen am Ortseingangsschild, dass wir **Scherm-beck** erreicht haben. Kurz hinter dem **Knotenpunkt 19**

Dammer Mühle

ist die Trasse unterbrochen und wir gelangen auf die **Alte Poststraße.** Wir behalten die gewohnte Richtung bei, radeln aber auf einem straßenbegleitenden Radweg auf der linken Seite. An der **Maassenstraße** halten wir uns am **Knotenpunkt 20** rechts und gelangen am **Knotenpunkt 18** links wieder auf den Bahntrassenradweg, der uns aus Schermbeck herausleitet.

Das Grün und der Duft der Bäume am Wegesrand helfen uns, dass die Seele zur Ruhe kommt. Zwischen den Bäumen hindurch blitzen Felder, auf denen Unterschiedlichstes angebaut wird, hin und wieder öffnet sich nach links der Blick in die Lippeauen. So bietet die Trasse enormes Erholungspotenzial.

Wir gelangen zu einer T-Kreuzung, die alte Trasse ist erneut ein kurzes Stück unterbrochen. So biegen wir nach rechts auf den Feldweg **Auf dem Rahm** ein und passieren mit der **Dammer Mühle ❷** ein sehr fotogenes Windmühlenmotiv. Entlang der **Weseler Straße** fahren wir links auf einem straßenbegleitenden Radweg. Nach wenigen Hundert Metern am **Knotenpunkt 21** nehmen wir links den Weg **Breckenbreiter Stege** Richtung **Hünxe** und zum Knotenpunkt 22. Das asphaltierte Sträßchen führt uns zurück zur Bahntrasse, wo wir kurz vor einem hohen Strommast dem rot-weißen Pfeil nach rechts folgen. Über zwei Querwege hinweg halten wir uns in gewohnter Richtung und radeln parallel zur Stromleitung.

An der Straße **Zur Alten Lippe** erreichen wir einen weiteren schönen Pausenplatz mit Bank. Eine Info-

Für die Seele

Entlang des Kanals gleiten wir entspannt dahin und fahren all unseren Problemen und Sorgen einfach davon.

Bahntrasse Haltern-Venlo

tafel erzählt die Geschichte „unserer" Bahnstrecke Haltern–Wesel–Venlo.

Danach müssen wir erneut ein kleines Stück umfahren. Es geht dem Radwegepfeil folgend rechts auf eine kleine asphaltierte Straße. Wir beschreiben mit dem Hauptweg einen Linksbogen. An einer Y-Gabelung folgen wir links dem rot-weißen Pfeil vorbei an einigen schönen Landhäusern, fahren dann an einer kleinen Wegkreuzung vor einer Hofeinfahrt links und direkt wieder rechts auf die Trasse Richtung **Drevenack.** Am folgenden Querweg geht es leicht rechts versetzt in gewohnter Richtung weiter. Wir passieren mitten im Wald den **Knotenpunkt 22** und radeln weiter geradeaus. Mal führt der Weg direkt auf dem alten Bahndamm, mal etwas unterhalb. Gerade an heißen Tagen verwöhnt der würzige Geruch von Nadelwald unsere Nasen und Lungen.

Eine Baumschule auf der linken Seite signalisiert uns, dass wir uns so langsam von dem entspannten Bahntrassenradweg verabschieden müssen. Es geht unter einer Brücke hindurch. Danach ignorieren wir den rot-weißen Pfeil, der uns nach links auf einen

Parkplatz weisen will, und bleiben ein kleines Stück-chen weiter geradeaus. Dann folgen wir dem gepflas-terten Weg nach rechts in ein Wohngebiet, das wir nach links durchfahren, bis wir zum **Knotenpunkt 23** gelangen.

Es geht links Richtung **Hünxe.** Nach einiger Zeit beschreibt die Straße einen Linksbogen, in dem wir halb rechts oder gefühlt geradeaus in die **Kirchstraße** abbiegen. Am Friedhof vorbei kommen wir zur Dorf-kirche. Direkt dahinter radeln wir nach rechts in ei-nen kleinen Weg, der uns durch eine sehr schmale rot-weiße Umlaufschranke leitet. Gegenüber halten wir die Richtung und fahren auf dem **Keltenweg** wei-ter, der an Wohnhäusern vorbei in ein Waldgebiet führt. Das **Bauernlädchen Schulte-Bunert ❸** bietet frische Landprodukte an – ein verlockender Grund für einen kleinen Stopp. An der darauffolgenden Wegkreu-

Wegkreuzung Krudenburg

Bauernladen Schulte-Bunert

Krudenburg ist ein altes Fischer- und Treideldorf. Am Brunnen lassen sich gut die Wasservorräte auffüllen. Zu Fuß kann man zum Alten Hafen spazieren, der wildromantisch zugewachsen mitten im Wald liegt.

Im *Forellenzentrum Naroda* können Angler an einem der Teiche fischen. Köstliche Fischbrötchen und Backfisch gibt es draußen an der Bude, im Fischgeschäft fangfrische oder geräucherte Forellen, die man sich gleich im Biergarten schmecken lässt oder eingepackt mitnimmt.

zung biegen wir links ein in den **Krudenburger Weg** Richtung **Hünxe–Krudenburg.** Vor dem Schützenhaus geht es nach rechts, dem Hauptweg folgend, bis zur **Dorfstraße,** in die wir nach rechts einbiegen. Wir gelangen in das romantische historische **Treideldorf Krudenburg ❹**.

Über den **Brückenweg** verlassen wir das alte Dorf. Für die passende Verpflegung bietet sich links die **Dudel-Bude ❺** an, ein kleiner Kult-Treff für Radler. An der **Dinslakener Straße** halten wir uns rechts nach **Hünxe** zur 68 und überqueren die Lippe. Vor der Brücke über den Wesel-Datteln-Kanal, am **Knotenpunkt 68,** fahren wir rechts hinunter zum Wasser. Da wir zurück nach Dorsten wollen, biegen wir an dem kleinen Parkplatz scharf links ab. Wir radeln unter der Brücke hindurch und sind links vom Wesel-Datteln-Kanal, der uns bis Dorsten begleiten wird. Der Radweg ist zunächst eher rustikal, dafür ist es aber fast immer sehr ruhig und somit ideal, um einfach mal abzuschalten. An der Schleuse Hünxe können wir mit etwas Glück die Schleusung eines großen Lastschiffs beobachten. Wir passieren Felder und Weiden, sehen Kleingärten und Campingplätze am Wegesrand. Immer wieder führen Trampelpfade links zur Lippe oder es öffnet sich rechts eine Liegefläche zum Kanal. Wer clever ist, hat eine Decke mitgenommen und macht es sich irgendwo gemütlich.

Nachdem wir unter der **Schermbecker Brücke** durchgeradelt sind, sollten wir aufpassen. Links begleitet uns ein kleiner Weg, und nach kurzer Zeit weist dort ein Schild auf das **Forellenzentrum Naroda ❻** hin. Vom Radweg am Kanal gelangen wir durch rot-weiße Poller auf den unteren Weg und gegenüber in den Weg

Krudenburg

Krudenburg

Forellenzentrum Naroda

Zum Gahlener Grind. Dieser führt uns direkt zur Forellenfarm, die wir am Ende rechts über einen Parkplatz erreichen.

Über den bekannten Weg geht es zurück zum Wesel-Datteln-Kanal. Von dort lohnt sich schon nach wenigen Metern ein weiterer kleiner **Abstecher.** Wem die Füße an heißen Tagen brennen, der sollte direkt vor der nächsten Brücke an dem kleinen geschotterten Parkplatz durch rot-weiße Poller links zum parallel verlaufenden Weg **Im Aap** fahren. Am **Knotenpunkt 72** links erreicht man nach rund 200 Me-

Biergarten Anne Bänke

tern rechts an einem Parkplatz eine erfrischende **Kneipp-Anlage** ❼.

Danach geht es auf bekanntem Weg zurück und in gewohnter Richtung am Kanal weiter.

Der **Biergarten Anne Bänke** ❽ gehört ebenfalls zu den Kult-Radlertreffs im Ruhrgebiet. Im Sommer ist hier meistens viel los, daher sollte man den Bereich entsprechend vorsichtig passieren. Von schönen Holztischen aus, die von Dächern oder Schirmen beschattet werden, erfreuen wir uns bei einem kühlen Drink an dem perfekten Blick auf den Kanal.

Direkt nach dem Biergarten beginnt das **Planetenufer.** Im richtigen Maßstab werden wir von hier bis Dorsten die Planeten des Sonnensystems passieren. Nach ein paar Kilometern taucht links auch die Lippe wieder auf. So führt der Radweg quasi auf einer Art Insel zwischen den beiden Wasserstraßen entlang.

Es geht unter der A 31 hindurch und wir erreichen **Dorsten.** Wir wollen den Platenweg bis zum Ende erleben und ignorieren daher die rot-weiße Radweg-

Die Lippe ist der längste Fluss in NRW und vor allem bei Kanuten und Stand-up-Paddlern beliebt. Bei der Brücke der A 31 ist ein Parcours für Wildwasserkanuten auf der Lippe abgesteckt. Radler können den Fluss auf der Römer-Lippe-Route von Detmold nach Xanten erleben.

beschilderung nach links. Anstatt dessen bleiben wir auf dem Weg neben dem Wesel-Datteln-Kanal. Hier erwartet uns noch ein wunderbarer Rastplatz mit Holztischen und -bänken und Blick auf den Kanal.

Wir passieren den Mars, die Erde und die Venus und stehen schließlich unterhalb einer Fußgänger- brücke vor der Sonne. Hier verlassen wir den Kanal, biegen links ab auf eine geschotterte Fläche, halten uns leicht rechts und fahren dann links über eine Rampe hoch zur Brücke. Über den Kanal gelangen wir ins Zentrum von Dorsten. Der breite Radweg verläuft neben der Straße. Hinter dem Abzweig der Straße Ostgraben folgen wir rechts dem **Ostwall** Rich- tung Knoten 66. Rechts von uns liegt ein Wasserbe- cken. Vor einer Kirche aus rotem Backstein halten wir uns links, weiter in Richtung der 66. Am Ende ei- nes kleinen Platzes fahren wir hinter dem letzten Haus rechts, dann vor der Polizeiwache links über die Radwegbrücke und erreichen den Bahnhof von Dorsten.

Zentrum Dorsten

Alles auf einen Blick

WIE & WANN:
Nahezu autofrei; wenig Asphalt, viele unbefestigte Wege; am besten zwischen Ostern
und Herbstferien bei trockenem Wetter

HIN & WEG:
Auto: Parkplatz Lippetal 11, 46282 Dorsten (GPS 51.663361, 6.968640);
vom Parkplatz über Schiffbauerstraße zum Ostwall und dann rechts auf die Route
ÖPNV: RE 14, RB 43 oder RB 45 bis Dorsten

ESSEN & ENTSPANNEN:
Bauernlädchen Schulte-Bunert ❸ Keltenweg 25, 46569 Hünxe,
Tel. (0 28 58) 21 46, www.bauernlaedchen-online.de
Dudel-Bude ❺ Auf dem Dudel 5, 46569 Hünxe,
Tel. (01 51) 11 05 45 59, https://dudel-bude.de
Forellenzentrum Naroda ❻ Zum Gahlener Grind 2, 46514 Schermbeck,
Tel. (0 28 53) 32 78, www.forellenzentrum-naroda.de
Biergarten Anne Bänke ❽ Brückenweg 280, 46282 Dorsten, Tel. (0 23 62) 33 31

ENTDECKEN & ERLEBEN:
Hamburg-Venloer Bahn ❶
Dammer Mühle ❷
Treideldorf Krudenburg ❹ www.krudenburg.de/das-dorf
Kneipp-Anlage ❼ Im Aap, 46514 Schermbeck

Entspannung ✦✦✦✦✦
Genuss ✦✦✦✦✦
Erlebnis ✦✦✦✦✦

Die GPS-Daten zu jeder Tour gibt es auf
www.droste-verlag.de

© 2021 Droste Verlag GmbH, Düsseldorf
Konzeption/Satz: Droste Verlag, Düsseldorf
Einbandgestaltung: Britta Rungwerth, Düsseldorf, unter Verwendung
von Fotos von © Fotolia.com: Andrey Kuzmin, undrey, dabost, niroworld;
© PattySia - stock.adobe.com
Fotos: Jochen Schlutius, außer: S. 15: radrevier.ruhr; S. 29: JUPP der Erlebnisbiergarten
GmbH; S. 32: radrevier.ruhr / Dennis Stratmann; S. 38: radrevier.ruhr / Dennis Stratmann;
S. 52: Römer-Lippe-Route; S. 63: Wasserski Hamm; S. 92: radrevier.ruhr / Jochen Tack;
S. 101 unten: radrevier.ruhr / Jochen Tack; S. 105: radrevier.ruhr / Jochen Tack;
S. 127 unten: Wolfgang Stuppy © RUB; S. 129 Mitte: Wabe mbH; S. 138 oben:
radrevier.ruhr / Dennis Stratmann; S. 139 unten: radrevier.ruhr / Dennis Stratmann;
S: 151: radrevier.ruhr / Dennis Stratmann; S. 153: radrevier.ruhr / Dennis Stratmann;
S. 158 unten: radrevier.ruhr / Dennis Stratmann; S. 175: radrevier.ruhr;
S. 177: radrevier.ruhr / Jochen Tack; S. 187: Römer-Lippe-Route
Karten: Thorsten David, Bochum
Druck und Bindung: LUC GmbH, Greven

Alle Angaben in diesem Buch wurden sorgfältig recherchiert und geprüft. Für die Richtigkeit
der Angaben, für etwaige Unfälle und Schäden jeglicher Art kann keine Haftung übernom-
men werden; die Nutzung erfolgt auf eigenes Risiko. Abweichungen, die nach Redaktions-
schluss erfolgten, konnten nicht mehr berücksichtigt werden. Hinweise und Änderungen
nehmen wir gern entgegen.

FSC
www.fsc.org

MIX
Papier aus verant-
wortungsvollen Quellen
FSC® C011279

ISBN 978-3-7700-2235-9
www.droste-verlag.de